KURZE EINFÜHRUNGEN
IN DIE GERMANISTISCHE LINGUISTIK

Band 32

Herausgegeben von
Jörg Meibauer
Martin Neef
Markus Steinbach

ROLF BERGMANN

Namen

Universitätsverlag
WINTER
Heidelberg

Bibliografische Information der Deutschen Nationalbibliothek
Die Deutsche Nationalbibliothek verzeichnet diese Publikation
in der Deutschen Nationalbibliografie;
detaillierte bibliografische Daten sind im Internet
über *http://dnb.d-nb.de* abrufbar.

ISBN 978-3-8253-9605-3

Dieses Werk einschließlich aller seiner Teile ist urheberrechtlich geschützt.
Jede Verwertung außerhalb der engen Grenzen des Urheberrechtsgesetzes
ist ohne Zustimmung des Verlages unzulässig und strafbar. Das gilt
insbesondere für Vervielfältigungen, Übersetzungen, Mikroverfilmungen
und die Einspeicherung und Verarbeitung in elektronischen Systemen.
© 2024 Universitätsverlag Winter GmbH Heidelberg
Imprimé en Allemagne · Printed in Germany
Umschlaggestaltung: Klaus Brecht GmbH, Heidelberg
Druck: Memminger MedienCentrum, 87700 Memmingen

Gedruckt auf umweltfreundlichem, chlorfrei gebleichtem
und alterungsbeständigem Papier

Den Verlag erreichen Sie im Internet unter:
www.winter-verlag.de

www.kegli-online.de

Inhaltsverzeichnis

„Namen sind Schall und Rauch." – „Nomen est omen."......... 1
1. Einleitung 3
1.1 Der Begriff des Eigennamens 3
1.2 Namenbedeutung...................................... 5
1.3 Namenarten und Terminologie. 7
1.4 Namengrammatische Aspekte 8
1.5 Entstehung und Bildung von Namen. 9
1.6 Namenpragmatik und Namenpolitik. 10
1.7 Interdisziplinarität der Namenforschung. 11
1.8 Literarische Onomastik. 12
1.9 Organisation und Medien der Onomastik. 12
1.10 Gegenwart und Zukunft der Namenforschung 14
1.11 Zusammenfassung................................... 14

2. Rufnamen 15
2.1 Definition und rechtliche Aspekte 16
2.2 Grammatische und pragmatische Aspekte 17
2.3 Historische Schichtung der Rufnamen 19
2.4 Motivationen der Namengebung 25
2.5 Rufnamengeographie 27
2.6 Spitznamen: Kosenamen, Spottnamen 27
2.7 Deonymisierung 28
2.8 Tiernamen 28
2.9 Zusammenfassung................................... 29

3. Familiennamen 30
3.1 Definition und rechtliche Aspekte 31
3.2 Grammatische und pragmatische Aspekte 32
3.3 Spitznamen, Pseudonyme, Decknamen 33
3.4 Entstehung der deutschsprachigen Familiennamen:
    Die fünf Haupttypen 33
3.5 Familiennamengeographie 40
3.6 Entstehung der fremdsprachigen Familiennamen:
    Kontaktgebiete und Migrationsschichten 42

3.7	Familiennamenstigmatisierung und die Familiennamen der Juden	45
3.8	Zusammenfassung.	47
4.	Personengruppennamen	48
4.1	Definition und Terminologie	49
4.2	Ethnophaulismen	50
4.3	Was ist **deutsch**?	51
4.4	Zusammenfassung.	53
5.	Siedlungsnamen.	54
5.1	Grammatische Aspekte der Siedlungsnamen	55
5.2	Historische Siedlungsnamenschichten	55
5.3	Namenumformungen und Namenumdeutungen	60
5.4	Historische Siedlungsnamenbücher	60
5.5	Exonyme und Namenpolitik	63
5.6	Siedlungsnamen in der Literatur	64
5.7	Zusammenfassung.	65
6.	Flurnamen und Landschaftsnamen	66
6.1	Zum Begriff Flurname	66
6.2	Bildungsweise	67
6.3	Benennungsmotive	67
6.4	Sprach- und siedlungsgeschichtliche Aufschlüsse	68
6.5	Flurnamensammlungen und Flurnamendarstellungen	68
6.6	Landschaftsnamen, Ländernamen	69
6.7	Zusammenfassung.	70
7.	Straßennamen	70
7.1	Definition, Funktion und Einteilung	71
7.2	„Gewachsene" Namensysteme	71
7.3	Administrativ festgelegte Namen und Namensysteme	73
7.4	Ideologische Belastung und Umbenennungen	74
7.5	Zusammenfassung.	75
8.	Gewässernamen	76
8.1	Definition, Bildungsweise und Benennungsmotive	77
8.2	Die alteuropäische Hydronymie	78
8.3	Historische Gewässernamenschichten.	80
8.4	Zusammenfassung.	82

9. Sachnamen 82
9.1 Die Einteilung der Sachnamen 82
9.2 Ergonyme 83
9.3 Praxonyme und Phänonyme: Ereignisnamen 84
9.4 Zusammenfassung 84

Literatur 86
Glossar 98
Sachregister 100
Nachwort 100

"Namen sind Schall und Rauch." – "Nomen est omen."

100 Seiten nur über Namen? Namen sind doch nur Schall und Rauch, oder? Namen verhallen wie Schall, sie lösen sich in der Luft auf wie Rauch, sind also nicht von Bedeutung?

Mit Hilfe von Google lässt sich diese allgemein bekannte Aussage als ein ungenaues Zitat aus Goethes 'Faust' (1806) identifizieren. Auf die Frage Margaretes (Vers 3415) „Nun sag', wie hast du's mit der Religion?" antwortet Faust, ein „ewiges Geheimniß" beschwörend (Vers 3451-3458):

> „Erfüll' davon dein Herz, so groß es ist,/ Und wenn du ganz in dem Gefühle selig bist,/ Nenn' es dann wie du willst,/ Nenn's Glück! Herz! Liebe! Gott!/ Ich habe keinen Nahmen/ Dafür! Gefühl ist alles;/ Name ist Schall und Rauch,/ Umnebelnd Himmelsgluth."

Das Wort *Name* bedeutet an der fraglichen Stelle offensichtlich 'Wort' und gerade nicht 'Name'. Und Wörter wie „Glück! Herz! Liebe! Gott!" erfassen nach Fausts Auffassung das religiöse Gefühl nicht, sind als Bezeichnungen nur Schall und Rauch. Da es hier um Wörter geht, ist die Stelle also gerade nicht geeignet, die Unerheblichkeit oder geringe Relevanz von Namen zu belegen. Dennoch wird sie oft in dieser Absicht gebraucht.

Die Namenforschung befasst sich mit Namen im Sinne von Eigennamen und stößt wie die Sprachwissenschaft überhaupt auf das Problem, dass ihre deutschsprachigen Begriffe wie *Name, Laut, Wort, Satz* usw. auch in nichtwissenschaftlicher Sprache benutzt werden und dabei durchaus verschiedene Bedeutungen haben können. Wenn in der Alltagssprache von Namen gesprochen wird, sind also möglicherweise gar keine Namen im wissenschaftlichen Sinn gemeint. Erste Aufgabe dieses Buches ist es also, in der Einleitung den Begriff des Eigennamens zu definieren.

Mit einem anderen bekannten Zitat, *nomen est omen,* wird gern die besondere Bedeutung der Namen betont. So wird in der Werbung für ein Buch mit diesem Titel (München: Goldmann-Arkana 2007, 688 Seiten) versprochen, der Verfasser, der „Sprachforscher und Pädagoge Joachim Schaffer-Suchomel" entschlüssele neben der Herkunft der Vornamen auch ihre verborgene Essenz, er sei davon überzeugt, dass Namen einen Charakter besitzen, Aufgaben vorgeben und einen Lebensweg anzeigen. Diese übersteigerte Bedeutung wird mit dem lateinischen Zitat *nomen est omen* belegt. Es stammt aus dem Stück *Persa* (Vers 625) des römischen Komödiendichters Plautus (um 250-184 v. Chr.); es lautet ursprünglich *nomen atque omen* „der Name und seine Bedeutung" und bezieht sich auf den etymologischen Zusammenhang des Namens der käuflichen *Lucris* mit *lucrum* 'Gewinn, Ertrag'. Das Wortspiel ließe sich im Deutschen etwa mit einem Namen *Lukrativa* wiedergeben.

Den Namen werden sehr verbreitet emotionale, soziale, politische oder religiöse Werte zugeschrieben, was die Namenforschung durchaus zu berücksichtigen hat. Dabei ist die Grenze der wissenschaftlichen Beschreibbarkeit möglichst klar zu bestimmen. Das Internet ist voll von laienhaften Äußerungen zu Namen, die eben auch für Laien ein faszinierendes Thema sind. Sie bleiben Laienmeinungen, auch wenn die Urheber sich als Sprachforscher bezeichnen. Dabei geht es nicht nur um Personennamen, sondern um Namen aller Art, für Orte, Berge, Flüsse, Seen, aber auch für Waren, Unternehmen, Institutionen usw.

Die auch für den Laien erahnbare Fülle der Namen führt also eher auf die Umkehrung der Fragestellung: **Nur 100 Seiten über Namen?** Allein das Werk „Namenforschung. Ein internationales Handbuch zur Onomastik" (Eichler et al., Hgg.: 1995-1996) umfasst drei Bände in Lexikonformat mit 2.259 zwei- und dreispaltigen Seiten. Dieser Hinweis mag genügen, um den Umfang des linguistischen Teilgebiets der Onomastik zu veranschaulichen, das hier auf 100 Seiten vorgestellt werden soll. Dabei geht es um Grundbegriffe, Namenarten, Bildungsweise und Grammatik, aber auch um die vielfältigen Bezüge der Namen zu Geschichte und Geographie, Kultur und Gesellschaft. Besonderer Wert wird auf die Heranführung an aktuelle Forschung gelegt. Präzise linguistische Begrifflichkeit und historisch-philologische Methodik sollen die Leserinnen und Leser zum kritischen Umgang mit „Laien-Onomastik" befähigen. Wenn sie nach der Durcharbeitung des Buches Lust auf mehr Namenforschung haben, sollten sie in der Lage sein, ihrem Interesse selbstständig weiter nachzugehen; dann hätte diese Einführung ihr Ziel erreicht.

Weiterführende Lektüre: Gniech (1993).

Aufgabe 1: Ermitteln Sie Bedeutung und Verwendungsweise von Wendungen wie *sich einen Namen machen, Rang und Namen* mit Hilfe von Wörterbüchern, und prüfen Sie, wie weit in diesen Verwendungen *Name* im Sinne von Eigenname steht. Stöbern Sie kritisch im Internet nach Verwendungen der beiden Einstiegszitate.

---

1. Einleitung

In diesem Kapitel wird der Begriff des Eigennamens im Rahmen der Theorie des sprachlichen Zeichens definiert und die Frage nach der Bedeutung der Namen problematisiert. Eine kurze Übersicht über die Namenarten wird mit einer Einführung in die griechisch-lateinische Terminologie der Namenforschung verbunden. Weitere Abschnitte bieten eine erste Orientierung über grammatische Aspekte der Namen und ihre Bildungsweise, über pragmatische und politische Aspekte und über die interdisziplinären Beziehungen der Namenforschung sowie über die literarische Namenverwendung und ihre Erforschung. Basisinformationen zu Handbüchern, Zeitschriften, Portalen usw. beschließen die Einleitung.

1.1 Der Begriff des Eigennamens

(i) Der Ausdruck *Name* ist eine allgemein übliche Verkürzung des eigentlichen linguistischen Terminus **Eigenname**. Schon die lateinischen Grammatiker wiesen die Namen der Wortart Nomen (= Substantiv) zu und unterschieden ***nomen proprium*** = **Eigenname** und ***nomen appellativum*** = **Gattungsname**. Man spricht auch verkürzt (in Pluralformen) von Propria und Appellativa, von proprialen Eigenschaften und **Proprialität**, womit die einen Eigennamen als Namen charakterisierenden Merkmale zusammengefasst werden.

Eigennamen sind wie Wörter (Appellative) **sprachliche Zeichen**. Nach Ferdinand de Saussure (1857-1913) unterscheidet man an sprachlichen Zeichen eine (gesprochene oder geschriebene) Ausdrucksseite (franz. le signifiant) und eine Inhaltsseite (franz. le signifié), deren Verbindung arbiträr, also willkürlich ist. Sprachliche Zeichen sind daher im Sinne der **Semiotik** (der Zeichentheorie) symbolische Zeichen, bei denen die Verbindung von Bezeichnendem (Signifikant) und Bezeichnetem (Signifikat) konventionell, durch gesellschaftliche Übereinkunft gegeben ist. (Vorsicht: Diese semiotische Verwendung des Terminus *Symbol* unterscheidet sich von der in anderen Disziplinen.)

(ii) Die Inhaltsseite des sprachlichen Zeichens nennt man Bedeutung. Lexikalische Zeichen (= Wörter) haben eine **lexikalische Bedeutung**; aufgrund dieser Bedeutung können sie zur Bezeichnung von außersprachlichen Gegebenheiten verwendet werden.

(iii) Namen dagegen sind sprachliche Zeichen, die den Namenträger unmittelbar, ohne lexikalische Bedeutung bezeichnen. Das ist besonders deutlich sichtbar, wenn beispielsweise ein Siedlungsname *Köln* keine Beziehung zum Wortschatz aufweist, also **opak** (undurchsichtig) ist und man ihm keine lexikalische Bedeutung zuschreiben kann. Eine Bedeutung lässt sich nur im Hinblick auf die Etymologie angeben, hier also für lat. *colonia* 'Kolonie, Niederlassung'. Aber auch wenn ein Name mit einem Wort, etwa ein Familienname mit einer Berufsbezeichnung, identisch ist, erkennt man den Unterschied. Mit dem Wort *Schneider* kann man wegen seiner Bedeutung „Person, die beruflich aus Stoffen Kleidung näht oder die Kleidung ändert und ausbessert" (DWDS) nur jemanden bezeichnen, der diese Tätigkeit ausübt. Für den Familiennamen *Schneider* ist dagegen der Beruf des Namenträgers gleichgültig, weil die lexikalische Bedeutung des Wortes im Namen aufgehoben ist.

(iv) Mit einem Namen wird stets eine individuelle Größe bezeichnet, und zwar direkt, also ohne die Mitwirkung einer lexikalischen Bedeutung. Der Name hat also **Monoreferenz** und **Direktreferenz** und er leistet **Identifizierung** und **Individualisierung**.

(v) Im allgemeinen Sprachgebrauch werden auch bestimmte Wörter *Namen* genannt, die aber keine Eigennamen sind. Ihre Abgrenzung kann noch einmal wichtige Aspekte des Eigennamenbegriffs verdeutlichen. Man spricht von Monatsnamen und Wochentagsnamen, die ähnlich wie Eigennamen nur eine etymologische Bedeutung haben. So steckt in *Dezember* lat. *decem* 'zehn', was aber offensichtlich für die Bezeichnungsfunktion für den zwölften Monat irrelevant ist. Ebenso ist die etymologische Bedeutung 'Tag des Mondes' für *Montag* irrelevant für die Bezeichnung des ersten Tages der Woche. Diese Wörter haben also Direktreferenz. Der prinzipielle Unterschied zum Eigennamen liegt aber darin, dass *Dezember* und *Montag* keine Individualbezeichnungen sind, also keine Monoreferenz haben. Es gibt in diesem Wortschatzbereich durchaus auch Eigennamen wie z.B. *Schwarzer Freitag* für den 25. Oktober 1929 (vgl. dazu Kap. 9.3).

Die Ausdrücke „Tiernamen" und „Pflanzennamen" werden allgemein auch für Wörter wie *Dackel, Labrador* oder *Nelke, Linde* verwendet, die auch keine Individualbezeichnungen sind. Ein einzelner Dackel kann natürlich einen Eigennamen besitzen wie z.B. *Faxe*, und eine einzelne Linde (in Effeltrich, Landkreis Forchheim) kann *Tanzlinde* heißen.

(vi) Mit dem letzten Beispiel kommt noch eine Gruppe von Ausdrücken in den Blick, nämlich Eigennamen, in denen Appellativa enthalten sind, die entsprechend ihrer lexikalischen Bedeutung verwendet werden. *Tanzlinde* ist ein Kompositum, dessen Grundwort *-linde* auch in dem Namen durchaus 'Linde' bedeutet; ebenso ist die *Goethestraße* in Ilvesheim eine Straße, der *Dortmund-Ems-Kanal* ein Kanal. Weil das appellativische Grundwort die Gattung des bezeichneten individuellen Phänomens angibt, nennt man diese Namen **Gattungseigennamen**. Das Vorkommen eines Appellativs als Grundwort eines Namens konstituiert aber nur dann einen Gattungseigennamen, wenn dieses Grundwort entsprechend seiner lexikalischen Bedeutung verwendet wird. So sind die Namen *Michelsberg, Abtsberg, Stephansberg* als Namen für einzelne Erhebungen (Berge) in Bamberg Gattungseigennamen, der Name *Bamberg* als Bezeichnung der Stadt selbst aber nicht. Gattungseigennamen behalten wie bei appellativischen Komposita das Genus des Grundwortes (*der Berg – der Stephansberg*), wohingegen der Stadtname Neutrum ist (*das mittelalterliche Bamberg*).

1.2 Namenbedeutung

Obwohl Eigennamen ihre Bezeichnungsfunktion ohne lexikalische Bedeutung erfüllen, also keine Bedeutung in diesem Sinne besitzen, vermitteln sie doch auch grammatische und inhaltliche Informationen, nämlich über ihre Wortart (Substantiv), über ihr Genus und über die

Trägerkategorie, z.B. *Wupper* > Femininum > Gewässername, bei Rufnamen in der Regel über das Genus und das Geschlecht des Trägers (*Philipp* > Maskulinum > männlich, *Bettine* > Femininum > weiblich). Diese in den Namen enthaltene Information über einzelne allgemeine Kategorien nennt man **kategoriale Bedeutung**.

Wieso wird aber allenthalben in einem umfassenden Sinn nach der **Bedeutung von Namen** gefragt und warum werden Informationen darüber angeboten? Man vergleiche den Buchtitel Udolph/Fitzek (2005): „Professor Udolphs Buch der Namen. Woher sie kommen. Was sie bedeuten". Gefragt wird hier nach der Herkunft der Namen, also nach ihrer **Etymologie** und damit nach ihrer ursprünglichen Bedeutung.

Manche Namen sind direkt aus dem Wortschatz abzuleiten: So stammt der Familienname *Schneider* von der Berufsbezeichnung *Schneider*, der Familienname *Amtor* von der Bezeichnung einer Wohnlage *am Tor* usw. Nicht selten führt die Etymologie aber weit in die Geschichte zurück und damit auch in andere Sprachen. So wird der Name *Dresden* aus dem Altsorbischen hergeleitet, wo er 'bei den Waldbewohnern' bedeutete, der Name *Koblenz* aus dem Lateinischen, wo er 'am Zusammenfluss' bedeutete und der Name *Kempten* aus dem Keltischen, wo er 'Burg an der Flusskrümmung' bedeutete (Angaben nach Niemeyer 2012). Rufnamen stammen beispielsweise aus dem Hebräischen wie *Lea* ('[Wild-]Kuh'), aus dem Griechischen wie *Leander* (wohl zu 'Volk' und 'Mann') und aus dem Lateinischen wie *Leo* ('Löwe') usw. (Angaben nach Kohlheim/Kohlheim 2021). Für die heutige Funktion der Namen als Namen ist die ursprüngliche Bedeutung der zugrunde liegenden Wörter ohne Relevanz. Gleichwohl kann sie bei der Wahl eines Rufnamens eine Rolle spielen (vgl. Kap. 2.4) oder auch sonst die mit einem Namen verbundenen Assoziationen oder Emotionen beeinflussen. In diese als „**Namenbedeutsamkeit**" bezeichneten individuellen Vorstellungen können auch mit einem Namenträger (einer Person, einem Ort) verbundene negative oder positive Erfahrungen und Emotionen eingehen, wie die allgemeine Erfahrung zeigt.

Terminologisch kann man diese Inhaltsseite von Namen und Wörtern überhaupt als **konnotative Bedeutung** von der **denotativen** (lexikalischen) **Bedeutung** unterscheiden, die bei Namen nur etymologisch gegeben sein kann, das heißt, bei den ihnen zugrunde liegenden Appellativen.

Manchmal suchen die Sprecher auch nach einer etymologischen Verbindung eines opaken Namens und schaffen eine neue, aber **sekundäre Motivation**, auch **Volksetymologie** genannt; so wurde beispielsweise der Name *Altmühl* aus noch im Frühmittelalter belegtem, wohl keltischem *Alcmona* umgedeutet (Greule 2014: 34).

1.3 Namenarten und Terminologie

Die Terminologie der Namenforschung greift auf das Altgriechische zurück. Griech. ὄνομα (ónoma) 'Name' liegt dem Titel der seit 1950 erscheinenden internationalen Zeitschrift Onoma zugrunde und gibt der Namenforschung die Bezeichnung **Onomastik**. Davon zu unterscheiden ist das lexikologische Teilgebiet der **Onomasiologie**, das nach den Bezeichnungen (Ausdrücken) für Inhalte fragt, während mit dem Gegenbegriff **Semasiologie** die Frage nach der Bedeutung (den Inhalten) von Ausdrücken bezeichnet wird. Von dem griechischen Adjektiv ονυμικός (onymikós) ist *onymisch* abgeleitet, womit die für Namen charakteristischen Eigenschaften bezeichnet werden. **Onymizität** ist also dasselbe wie Proprialität.

Für die internationale Terminologie der einzelnen Namenarten wird das Substantiv *Onym* als Grundwort von Komposita verwendet. Die Klassifizierung der **Namenarten** (auch: **Namenklassen**) bildet ein weites Diskussionsfeld, das hier nicht ausführlich behandelt werden kann. Nach den Namenträgern werden unterschieden:

Personennamen oder **Anthroponyme** zu griech. ἄνθρωπος (anthrōpos) 'Mensch'	im Einzelnen **Rufnamen** **Familiennamen, Beinamen** **Personengruppennamen**
Tiernamen	
Geographische Namen (= Ortsnamen im weiteren Sinn) oder **Toponyme** zu griech. τόπος (tópos) 'Ort'	im Einzelnen **Landschaftsnamen** **Siedlungsnamen** (= Ortsnamen im engeren Sinn) **Flurnamen** **Straßennamen** **Gewässernamen**
Sachnamen	

Tabelle 1.1: Die wichtigsten Namenarten

Für die Definitionen wird hier auf die einzelnen Kapitel verwiesen. Für die deutschsprachige Terminologie mit dem Bestimmungswort *Namen-* ist zu beachten, dass es in der Onomastik stets ohne Fugenelement *-s-* verwendet wird: *Namenforschung, Namenkunde, Namenbuch* usw.

1.4 Namengrammatische Aspekte

Die Proprialität der Eigennamen wird durch graphische und lautliche Abweichungen vom appellativischen Wortschatz unterstützt. Nach der amtlichen Regelung der deutschen Rechtschreibung werden alle Eigennamen wie die Substantive mit großem Anfangsbuchstaben geschrieben (dazu Nerius 1985; Harweg 1999c; Nerius 2007: 217-223). Ortsnamen zeigen beispielsweise abweichend vom appellativischen Wortschatz folgende Graphien:

anlautende <C> und <Ch>	*Calw, Cham, Chur, Clerf*
<th>	*Arth, Barth, Fürth, Furth, Hürth, Roth, Wörth*
Doppelgraphie Doppelgraphie mit Folgekonsonantenbuchstabe Doppelgraphie nach Diphthongschreibung Schärfungsgraphie nach Konsonantenbuchstabe	<gg>: *Brugg* <lln>: *Mölln, Schmölln* <bbs>: *Scheibbs* <rck>: *Sierck* <rtt>: *Württemberg*

Tabelle 1.2: Propriale Graphien

Familiennamen, die aus Berufsbezeichnungen abgeleitet sind, weichen häufig in der Schreibung (und Lautung) von dem betreffenden Wort ab, weil sie ältere Verhältnisse konservieren:

Becker statt *Bäcker, Schmid, Schmidt, Schmitt* statt *Schmied*

Phonetisch zeigen Familiennamen wie *Ámthor* Anfangsakzent gegenüber dem appellativischen Syntagma *am Tór* (vgl. Kap. 3.4.iv), während Siedlungsnamen vom Typ *Wermelskírchen* abweichend von appellativischen Komposita wie *Wállfahrtskirchen* den Akzent auf dem Zweitglied tragen (vgl. Kap. 5.2).

Bei den Siedlungsnamen mit Grundwörtern wie *-hausen, -hofen* u.a. fällt auf, dass sie in den Siedlungsnamen eigene, von den appellativischen Pluralformen *Häuser, Höfe* abweichende Formen haben. Auch bei der Kasus- und Numerus-Flexion der Eigennamen zeigen sich gewisse Unterschiede zum appellativischen Wortschatz, so etwa in der durchgehenden Genitivendung -s (*Heinos, Lilos, Müllers* [Haus], *Bambergs* [Biere]), in der Genuszuweisung und im Artikelgebrauch.

1.5 Entstehung und Bildung von Namen

Bei der Vergabe neuer Namen werden vielfach vorhandene Namen auf andere Namenträger übertragen (**Namenübertragung**). So heißt eine Fregatte der Bundeswehr *Baden-Württemberg* nach dem Bundesland *Baden-Württemberg* und hat dann anders als der Ländername feminines Genus, ein Passagierflugzeug der Lufthansa hieß *Landshut* nach der Stadt *Landshut*, ebenfalls Femininum. Wenn Straßen nach Personen benannt werden, z.B. *Goethestraße*, entstehen häufig Gattungseigennamen mit dem Grundwort *-straße* und dem Familiennamen der Person als Bestimmungswort. Bei der Entstehung der Familiennamen sind beispielsweise auch Rufnamen verwendet worden, etwa *Martin* (auch als *Martini, Mertens* usw.; vgl. Kap. 3.4.ii).

Den Vorgang der Entstehung von Eigennamen aus Appellativa nennt man **Onymisierung**. Sie ist bei der Entstehung von Familiennamen aus Berufsbezeichnungen zu beobachten. Einem Rufnamen *Heinrich* konnte eine appellativische Berufsbezeichnung zugefügt werden: *Heinrich der Schneider*. Sie wurde zum Beinamen und bei der Übernahme durch Nachkommen zum Familiennamen: *Konrad Schneider, Elisabeth Schneider* (vgl. Kap. 3.4.i).

Die entgegengesetzte Entwicklung heißt **Deonymisierung**. Sie tritt relativ häufig auf, wenn ein Produktname so bekannt wird, dass er als Appellativ für die ganze Warengattung benutzt wird, z.B. *Pampers* 'Windelhöschen' oder *Tempo* 'Papiertaschentuch'.

Der Vorgang ist auch historisch zu beobachten: So heißt der Stoff *Damast* nach dem Produktionsort, der syrischen Stadt Damaskus. Bei der terminologischen Festlegung von Maßeinheiten sind oft Familiennamen die Basis, z.B. *Watt* als elektrische Maßeinheit, benannt nach James Watt (Wörterbücher mit Deonymisierungen: Köster 2003, Müller 1964; vgl. weiter Harweg 1997a).

Namenbildung vollzieht sich wie Wortbildung als Suffixableitung oder als Komposition. Bei Suffigierung werden vielfach appellativische Suffixe verwendet, beispielsweise Diminutivsuffixe zur Ableitung von Rufnamen (*Anna* + *-ette* > *Annette*), zur Kosenamenbildung (*Brun-hild* + *-i* > *Bruni*), zur Bildung von Familiennamen aus Herkunftsnamen (*Adenau* + *-er* > *Adenauer*). Manche Suffixe kommen ganz überwiegend in der Namenbildung vor, so dass sie als onymische Suffixe angesehen werden können, die also zur Proprialität beitragen, so etwa *-ing* wie in *Grafing*, *-ow* wie in *Treptow*, *-in* wie in *Schwerin*.

Komposita sind z.B. Familiennamen aus Berufsbezeichnungen wie *Bruchmüller, Schneidmüller* usw., Siedlungsnamen mit Grundwörtern wie *-dorf* (*Altdorf*), *-stadt* (*Hallstadt*), *-heim* (*Ilvesheim*) usw., Straßennamen mit Grundwörtern wie *-straße*, *-weg*, *-ring*, Ländernamen wie *Sachsen-Anhalt* usw.

1.6 Namenpragmatik und Namenpolitik

Gegenstand der linguistischen **Pragmatik** ist das sprachliche Handeln. Im Alltag kommen dabei ständig Namen vor, so etwa in der Anrede, im Sprechen über Dritte oder über Orte, in der Angabe einer Adresse bei einer Bestellung usw. Rufnamen werden von Eltern vergeben. Eigennamen, vor allem Personennamen, können auch für spezielle Absichten wie zärtliche Anrede, Neckerei, Spott oder Verunglimpfung umgestaltet und als Kosenamen oder Spitznamen verwendet werden (vgl. Kap. 2.6, 3.3 und 3.7). Namenvergabe erfolgt als deklarativer Sprechakt bei der Taufe von Kindern oder von Schiffen, bei der Benennung von Straßen, bei der Entwicklung von Produkten, bei der Gründung von Vereinen, Unternehmen oder Parteien, bei der Benennung von Ereignissen usw.

Politische Einflüsse können die Namenvergabe beeinflussen. So hat es z.B. in Südtirol nach der Abtretung an Italien gemäß dem Vertrag von Saint-Germain 1918 in großem Umfang Umbenennungen im Bereich der Siedlungsnamen gegeben. Auch die Verwendung von **Exonymen** (in anderen Ländern gebrauchten Namenformen, die vom amtlichen Namen im eigenen Land abweichen) wie dt. *Mailand* für ital. *Milano* oder dt. *Stettin* für poln. *Szczecin* kann politisch instrumentalisiert werden (vgl. Kap. 5.5). Straßen werden oft nach historischen Persönlichkeiten benannt, womit stets eine ehrende Aussage verbunden ist, die zu anderen Zeiten kritisch hinterfragt werden kann (vgl. Kap. 7.4). In der antisemitischen Polemik des 19./20. Jahrhunderts hat die gezielte herabsetzende Namenverwendung zur Markiertheit bestimmter Ruf- und Familiennamen als jüdische Namen geführt, die den betroffenen Menschen über die Identifizierung hinaus bestimmte negative Attribute zuschrieb und sie somit stigmatisierte (vgl. Kap. 2.6 und 3.7).

1.7 Interdisziplinarität der Namenforschung

Wegen der Bedeutung der Namen für Individuum und Gesellschaft ergeben sich vielfältige namenpsychologische und namensoziologische Fragestellungen. Manche Menschen leiden unter ihren Namen, Kinder werfen ihren Eltern ihre Rufnamenwahl vor, Ruf- und Familiennamen werden Gegenstand der Verspottung. Rufnamen werden durch Vorurteile sozial schichtenspezifisch eingeordnet. Bezogen auf die Rufnamen *Kevin* und *Chantal* kam es in den 2000er und 2010er Jahren zu einer in den Medien geführten Diskussion über „Kevinismus" bzw. „Chantalismus" als in unteren Schichten bevorzugte Namenwahl und daraus resultierende Geringschätzung der Namenträger in Schule und Gesellschaft; vgl. Kap. 2.4.

Da alle Namenträger immer in Raum und Zeit existieren, sind alle Namen geographisch und historisch gebunden. Namen für geographische Objekte sind es per definitionem, weshalb die wissenschaftliche und amtliche Festlegung von Namenformen für die Kartographie, besonders in mehrsprachigen Gebieten, relevant ist. Geographische Namen wie Siedlungs- oder Flurnamen zeigen aber auch charakteristische geographische Verteilungen, die beispielsweise den Namen *Lechbruck* als süddeutsch, *Osnabrück* dagegen als norddeutsch einordnen (vgl. Kap. 5.); das gilt gleichermaßen für Familiennamen wie (norddeutsch) *Lübke* und (süddeutsch) *Riedl* (vgl. Kap. 3.). Namengeschichtliche Vorgänge wie das Aufkommen biblischer und kirchlicher Rufnamen und die Entstehung der Familiennamen sind in kultur- und sozialhistorische Entwicklungen eingebettet, mit deren Hilfe sie erklärt werden können, die sie aber auch ihrerseits dokumentieren (vgl. Kap. 2.3 und 3.4). Siedlungsnamen sind an siedlungsgeschichtliche Vorgänge gebunden, also beispielsweise an die fränkische, alemannische und bairische Besiedlung der römischen Provinzen am Rhein und an der oberen Donau seit dem 4./5. Jahrhundert oder an die deutsche Besiedlung der von Slawen bewohnten Gebiete östlich der Elbe und Saale seit dem 10. Jahrhundert (vgl. Kap. 5.2). Sachnamen wie Unternehmensnamen und Produktnamen stehen in historischen Kontexten der Wirtschaftsgeschichte (vgl. Kap. 9.2).

1.8   Literarische Onomastik

Auch Personen und Orte fiktiver Texte tragen Namen, die zunächst nach allen Kategorien der Namenforschung beschrieben werden können: Es sind Rufnamen und Familiennamen wie *Tonio Kröger, Thomas Buddenbrook*, Ortsnamen wie *Lübeck, Travemünde*, Institutionennamen wie der des Sanatoriums *Berghof* in Thomas Manns „Zauberberg". Namen in der Literatur können der realen Welt entnommen sein, sie können aber auch selbst fiktiv sein. Ihre Wahl ist in jedem Fall eine des Autors, die auch häufig als solche thematisiert wird, so beispielsweise von Goethe zu Beginn seines Romans „Die Wahlverwandtschaften" (1809): „Eduard – so nennen wir einen reichen Baron im besten Mannesalter – Eduard hatte […]."

Die Einführung von Namen in einem literarischen Text und der weitere Umgang mit den Namen im Text sind Teil des sprachlichen Kunstwerks und als solcher im Kontext des gesamten Werks zu interpretieren; insofern ist literarische Onomastik Teil der Literaturwissenschaft. Andererseits sind die Eigennamen auch im literarischen Text Eigennamen und insofern Gegenstand der linguistischen Onomastik. Aus Platzgründen kann in dieser Einführung der Bereich der literarischen Onomastik bis auf einzelne Hinweise nicht weiter berücksichtigt werden; umso nachdrücklicher sei deshalb hier auf die bedeutsame Brückenwissenschaft zwischen Literaturwissenschaft und Linguistik hingewiesen.

1.9   Organisation und Medien der Onomastik

Die Namenforschung ist in Fachorganisationen, Vereinen und Arbeitskreisen organisiert, für die in der Regel ein geographischer Raum konstituierend ist. Der „International Council of Onomastic Sciences" (ICOS) gibt die Zeitschrift Onoma heraus und organisiert internationale Kongresse.

Die deutsche Fachorganisation ist die „Gesellschaft für Namenkunde e.V." (GfN), die die Zeitschrift Namenkundliche Informationen herausgibt und ebenfalls Tagungen veranstaltet.

Vereinigungen und Portale (in Auswahl):
Arbeitskreis für bayerisch-österreichische Namenforschung – Verband für Orts- und Flurnamenforschung in Bayern – Kommission für Mundart- und Namenforschung Westfalens – http://www.onomastik.at/ – https://familiennamen.ch – https://ortsnamen.ch/de/ – https://www.namenforschung.net/

Zeitschriften:
Beiträge zur Namenforschung – Blätter für oberdeutsche Namenforschung – Namenkundliche Informationen – Österreichische Namenforschung – Zunamen

Projekte:
Ortsnamen zwischen Rhein und Elbe – Onomastik im europäischen Raum
Niedersächsisches Ortsnamenbuch und Westfälisches Ortsnamenbuch
https://adw-goe.de/forschung/forschungsprojekte-akademienprogramm/ortsnamen-zwischen-rhein-und-elbe/
Historisches Ortsnamenbuch von Bayern (HONB)
https://kbl.badw.de/historisches-ortsnamenbuch.html
Digitales Familiennamenbuch Deutschlands (DFD)
https://www.namenforschung.net/dfd/woerterbuch/liste/

Einführende Literatur: Nübling et al. (2015: 16-92).

Weiterführende Literatur: Handbücher: Bach (1952-1956) (mit umfassender Aufarbeitung älterer Literatur); Eichler et al. (Hgg.) (1995/96) (internationales Handbuch mit zahlreichen Einzelartikeln verschiedener Autoren); Wörterbücher zur Sprach- und Kommunikationswissenschaft (WSK) Online. Zum Begriff Eigenname Nübling (2018b); Eichler et al. (Hgg.) (1995/96, Nr. 54, 55, 56, 92, 252); Van Langendonck (2007); Willems (1996); zur Namenbedeutsamkeit Nübling et al. (2015: 16-92); Debus (1985); Debus (2012: 31-56); Bauer (1985: 24-50); Eichler et al. (Hgg.) (1995, Nr. 66, 67); Sonderegger (2004a: 3417f., 2004b); Wiesinger (1995b); zu Namenarten Nübling et al. (2015: 98-105); Debus (2012: 25-29); Bauer (1985: 50-62); Sonderegger (2004b); Eichler et al. (Hgg.) (1995, Nr. 40); zu inoffiziellen Namen Ewald/Pohl (Hgg.) (2024); zur Namengrammatik Ackermann (2018); Neef (2006); Nübling (2000); Eichler et al. (Hgg.) (1995, Nr. 58, 65); zu pragmatischen und politischen Aspekten Eichler et al. (Hgg.) (1995/96, Nr. 70, 74, 76, 279); Presch (2002); zur Namengeschichte Eichler et al. (Hgg.) (1996, Nr: 55, 260, 266, 296, 280); Kleiber (1996); Sonderegger (2004a und 2004b); zur literarischen Onomastik Debus (2002); Debus (2007); V. Kohlheim (2019); zu den Besonderheiten der Namen in Kinderbüchern Luft (2022); Forschungsüberblicke zur Namenforschung in Deutschland, Österreich und der Schweiz: Eichler et al. (Hgg.) (1995/96, Nr. 10, 11, 12, 13, 14).

Das **Internet** hält viele weitere Angebote zum Thema Namen bereit, die vielfach von interessierten und engagierten Laien oder auch von gewerblichen

Unternehmen stammen. Es ist daher in jedem Fall wichtig, sich auf der jeweiligen Impressum-Seite Klarheit über den Urheber zu verschaffen (vgl. Hohensinner 2022; vgl. auch Kap. 3.).

1.10 Gegenwart und Zukunft der Namenforschung

Die vorliegende kurze Einführung entsteht in einer Zeit außerordentlicher Aktivität der Namenforschung, in der ständig neue Aspekte der Namen in den Blick kommen. Im Jahre 2023 konnten Damaris Nübling und Konrad Kunze mit dem „Kleinen deutschen Familiennamenatlas" den Ertrag des großen siebenbändigen Deutschen Familiennamenatlas unter einer Fülle teils traditioneller, teils neuartiger Fragestellungen erschließen. Zahlreiche Tagungen, insbesondere im Umkreis von Damaris Nübling an der Mainzer Akademie, oder auch bei den Jahresversammlungen der Gesellschaft für Namenforschung haben zu ertragreichen Publikationen in den Zeitschriften BNF und NI geführt.
Weitere Tagungsbände: Heuser et al. (Hgg.) (2011); Debus et al. (Hgg.) (2014); Hengst/Krüger (Hgg.) (2009-2011); Helmbrecht et al. (Hgg.) (2017); Nübling/Hirschauer (Hgg.) (2018); Kremer (Hg.) (2018); Bergmann/Stricker (Hgg.) (2018); Ernst et al. (Hgg.) (2022).

Zur Zukunft der Namenforschung haben auf Anregung von Andrea und Silvio Brendler zahlreiche Forscher „Ideen, Perspektiven, Visionen" zum Thema „Namenforschung morgen" formuliert (Brendler/Brendler (Hgg.) 2005).

1.11 Zusammenfassung

Eigennamen sind sprachliche Zeichen mit Monoreferenz und Direktreferenz und leisten Identifizierung und Individualisierung. Sie haben kategoriale und konnotative, jedoch keine lexikalische, denotative Bedeutung. Historisch betrachtet gehen sie auf Appellative zurück, weshalb eine etymologische Bedeutung beschrieben werden kann. Bestimmte grammatische Merkmale unterstützen die Proprialität der Namen. Im Hinblick auf die Träger lassen sich Personen-, Tier-, Orts- und Sachnamen unterscheiden. Mit Namen wird in Raum und Zeit, individuell und sozial, kulturell und politisch gehandelt, wodurch sich vielfältige interdisziplinäre Aspekte der Onomastik ergeben. Namen kommen aber auch in literarischen Werken vor, wo sie bei der Interpretation mit zu berücksichtigen sind.

Aufgabe 2: Vergewissern Sie sich, dass Sie den grundlegenden Unterschied zwischen Eigennamen und Appellativen verstanden haben, indem Sie ihn einer fachfremden Person erklären.
Aufgabe 3: Sammeln Sie aus einer Tageszeitung ein Corpus von etwa 100 Namen, die sich auf Gegebenheiten in Deutschland beziehen, und ordnen Sie sie nach Namenträgern (Personen, Tiere, Orte, Sachen).
Aufgabe 4: Ordnen Sie das gesammelte Personennamenmaterial im Hinblick auf das Geschlecht der Personen.
Aufgabe 5: Analysieren Sie das gesammelte Personennamenmaterial im Hinblick auf pragmatische Aspekte: Autoren, Interviewer, Interviewte, Objekte der Berichterstattung.

Grundbegriffe: Eigenname, Appellativ, sprachliches Zeichen, Semiotik, lexikalische Bedeutung, Monoreferenz, Direktreferenz, Identifizierung, Individualisierung, Gattungseigenname, kategoriale Bedeutung, konnotativ, denotativ, opak, Etymologie, sekundäre Motivation, Volksetymologie, Namenbedeutsamkeit, Proprialität, Onomastik, Onymizität, Namenarten, Anthroponym, Toponym, Namenübertragung, Namenbildung, Onymisierung, Deonymisierung, Exonym, literarische Onomastik

2. Rufnamen

Einen Namen zu haben gehört zur menschlichen Existenz; auch ohne eigene Erwähnung im Text des Grundgesetzes für die Bundesrepublik Deutschland darf man den Namen eines Menschen als Teil seiner in Artikel 1 (1) für unantastbar erklärten Würde betrachten. Nur unmenschliche Staaten verweigern Menschen ihre Namen und ersetzen sie durch Nummern. „Man wurde auch nie mit seinem Namen angesprochen, sondern war nur eine Nummer. Ich war Nummer 12055." (Birgit Schlicke, ehemalige politische Gefangene der DDR im Interview mit der Internationalen Gesellschaft für Menschenrechte).

Schon in Homers Odyssee (8./7. Jh. v. Chr.) fragt der Phäakenkönig Alkinoos den an seiner Küste gestrandeten Odysseus nach seinem Namen, weil jeder Mensch einen Namen trage (8. Ges., 550-554):

> Sage, mit welchem Namen benennen dich Vater und Mutter,
> Und die Bürger der Stadt, und welche rings dich umwohnen?
> Denn ganz namenlos bleibt doch unter den Sterblichen niemand,
> Vornehm oder gering, wer einmal von Menschen gezeugt ward;
> Sondern man nennet jeden, sobald ihn die Mutter geboren.

Gegenstand dieses Kapitels sind innerhalb der Personennamen die Rufnamen. Nach der Begriffsklärung und den rechtlichen Grundlagen werden kurz grammatische und pragmatische Aspekte behandelt. Das Hauptgewicht liegt auf der Darstellung der historischen Schichtung der Rufnamen und der Motivationen der Namengebung. Weitere Abschnitte behandeln namengeographische Aspekte, Kosenamen und Deonymisierung von Rufnamen. Schließlich wird kurz auf Tiernamen eingegangen, die oft aus Rufnamen entstehen.

2.1 Definition und rechtliche Aspekte

Historisch steht im deutschen Sprachraum am Anfang **Einnamigkeit**, weshalb sinnvollerweise von **Rufnamen** (nicht von „Vornamen") gesprochen wird. Zu Beginn deutschsprachiger Überlieferung haben Personen in der Regel nur einen Namen, den Rufnamen. *ih heittu hadubrant* sagt einer der beiden Kämpfer in dem aus dem 9. Jahrhundert überlieferten althochdeutschen Hildebrandslied (Zeile 17).

Heute dagegen bestehen Personennamen im deutschen Sprachraum aus zwei Elementen: Ein oder mehrere Rufnamen (heute auch: „Vornamen") bilden mit einem (oder zwei) Familiennamen (auch: „Nachnamen" oder „Zunamen") den **Gesamtnamen** einer Person (zur Entstehung der Familiennamen vgl. Kap. 3.). Dabei gilt im deutschen Sprachraum grundsätzlich Namenkontinuität, das heißt, der Gesamtname oder einzelne Bestandteile können nur mit amtlicher, restriktiv gewährter Genehmigung geändert werden. Dieses Prinzip macht die Vergabe der Rufnamen von Kindern durch die Eltern zu einem besonderen einmaligen Akt, der durch die Mitteilung des gewählten Namens gegenüber dem Standesbeamten erfolgt. Die gesetzlichen Regelungen beschränken sich hier ganz allgemein auf die Berücksichtigung des Kindeswohls. Ablehnungen der gewählten Namen durch den Standesbeamten haben in vielen Einzelfällen zu gerichtlicher Nachprüfung geführt. Daraus haben sich gewisse Normen gebildet, die der Ablehnungspraxis zugrunde liegen: Der Rufname soll funktional sein, weshalb Familiennamen und Ortsnamen grundsätzlich nicht als Rufnamen akzeptiert werden. Der Funktionalität dient auch, dass einem Kind nicht beliebig viele Rufnamen gegeben werden können. Ebenso wenig sollen männliche oder weibliche Namen entgegen dem natürlichen Geschlecht vergeben werden; geschlechtlich uneindeutige Namen sind zulässig. In diesem Fall ist aber ein zweiter, geschlechtlich eindeutiger Name nötig: *Maxi Anna*. Weiter sollen die Rufnamen nicht albern oder anstößig sein, was natürlich im Einzelfall zum Streit in Geschmacksfragen führen kann. Artikel 6 (2) des Grundgesetzes bestimmt: „Pflege und Erziehung der Kinder sind das natürliche Recht der Eltern und die zuvörderst ihnen obliegende Pflicht. Über ihre Betätigung wacht die staatliche Gemeinschaft." Da die betroffenen Kinder bei ihrer Namenvergabe natürlicherweise nicht mitreden können, kommt den Eltern eine besondere Verantwortung zu, über deren Ausübung der Standesbeamte sozusagen als Vertreter des Kindes wacht. Wenn man einmal beobachten konnte, welche Vorwürfe Kinder ihren Eltern wegen ihner als be-lastend empfundenen Namen machen, wird man für die Problematik einer sehr weitgehenden Auslegung des Elternrechts sensibilisiert.

Änderungen der Vornamen für transgeschlechtliche Personen regelte in Deutschland bisher das Gesetz über die Änderung der Vornamen und die Feststellung der Geschlechtszugehörigkeit in besonderen Fällen (Transsexuellengesetz – TSG). Jüngst wurde ein neues Selbstbestimmungsgesetz vorbereitet und am 12. April 2024 im Deutschen Bundestag beschlossen; vgl. die Interseite des Bundesministeriums der Justiz: www.bmj.de.

2.2   Grammatische und pragmatische Aspekte

Rufnamen haben maskulines oder feminines Genus (*der Klaus – er – sein Fahrrad*; *die Annette – sie – ihr Fahrrad*). Weibliche Rufnamen können auch neutrales Genus erhalten; vgl. die entsprechenden Beispiele in Publikationstiteln: *Dat Anna* und *s Eva* (Nübling et al. 2013), *Em Stefanie sei Mann* (Busley/Fritzinger 2018); vgl. auch Nübling (2017: 181-186). Das **Genus Neutrum** kann bei weiblichen Rufnamen in der Mündlichkeit pragmatisch vieles ausdrücken, das je nach personaler Konstellation von liebevoller Zärtlichkeit über Gleichgültigkeit bis zu verächtlicher Herabsetzung reichen kann.

Der **Genitiv** zeigt bei Rufnamen mit Artikel Nullendung: *des alten Goethe, der großen Netrebko*. Der Genitiv artikelloser Rufnamen wird unabhängig vom Genus mit *-s* gebildet: *Annettes Fahrrad, Peters Fahrrad* (dazu Neef 2006).

Nach § 96 des amtlichen Regelwerks des Rats für deutsche Rechtschreibung setzt man den Apostroph u.a. bei

„Eigennamen, deren Grundform (Nominativform) auf einen s-Laut (geschrieben: -s, -ss, -ß, -tz, -z, -x, -ce) endet. Sie bekommen im Genitiv den Apostroph, wenn sie nicht einen Artikel, ein Possessivpronomen oder dergleichen bei sich haben. […]. Der Apostroph ersetzt dann das Genitiv-s."
Deshalb heißt es bei entsprechenden Rufnamen: *Klaus' Fahrrad*.

Rufnamen-Genitive mit **Apostroph und -s**, wie sie vor allem in Firmennamen oft vorkommen (z.B. *viani's Friseure*), sind im amtlichen Regelwerk also eigentlich nicht vorgesehen; in § 97 wird aber ihr „gelegentliche[r] Gebrauch […] zur Verdeutlichung der Grundform eines Personennamens vor der Genitivendung -s" erwähnt. Der Gebrauch ist aber alles andere als gelegentlich und wird durchaus onymisch funktional verstanden: „Der Apostroph dient der Schonung, Abgrenzung und Konstanthaltung des Namenkörpers." (Nübling et al. 2015: 92; vgl. auch Scherer 2010).

Der Rufname wird in der **Anrede** von als gleichgestellt verstandenen Personen innerhalb von Gruppen in Kombination mit dem Pronomen *du* verwendet, also beispielsweise innerhalb von Familien, Vereinen, Kollegien usw. oder nach mehr oder weniger förmlicher Vereinbarung („Brüderschaft trinken") verwendet. Sozial asymmetrisch sind Verwendungen des Rufnamens mit dem Pronomen *Sie* (sog. *Hamburger Sie*), wenn sie nur in eine Richtung erfolgen, zum Beispiel zwischen Vorgesetzten und Untergebenen. Traditionell ist die Anrede von weiblichem Pflegepersonal als *Schwester* + Rufname (*Schwester Melanie*).

Von Dritten wird üblicherweise mit dem Rufnamen nur innerhalb der Gruppen gesprochen, in denen Rufnamenanrede üblich ist. So kann Bernd mit Achim über *Rolf* sprechen, weil sie sich alle drei als Kollegen duzen. Spricht aber die AfD-Vorsitzende Alice Weidel von der Bundesinnenministerin Faeser in der Öffentlichkeit als *Nancy* (nach F.A.Z. Nr. 163 vom 17.07.2023, S. 3), so ist das respektlos und herabsetzend gemeint.

Der Antisemitismus des 19./20. Jahrhunderts markierte den Rufnamen *Isidor* als typisch jüdisch und verwendete ihn anstelle des eigentlichen Rufnamens; so wurde dem Berliner Polizeivizepräsidenten Weiss in den 1920er Jahren in der öffentlichen Auseinandersetzung von den Nationalsozialisten beharrlich sein Rufname *Bernhard* verweigert und durch *Isidor* ersetzt (Bering 1983); vgl. auch Kap. 3.7.

2.3 Historische Schichtung der Rufnamen

Der heutige zur Namenvergabe bereitstehende Rufnamenbestand ist über Jahrhunderte entstanden.

(i) Die älteste Schicht bilden die aus germanischer Zeit stammenden **althochdeutschen Rufnamen**, bei denen zweigliedrige und eingliedrige Namen zu unterscheiden sind. **Zweigliedrige männliche Rufnamen** germanischen Ursprungs wie nhd. *Siegfried*, ahd. *Sigifrit* sind Zusammensetzungen, die ursprünglich strengen formalen Regeln folgten: Im Zweitglied wird vokalischer Anlaut vermieden (z.B. ist *ebur*, nhd. *Eber-* nur Erstglied wie in *Eberhard*) und es gibt keine Alliteration der beiden Glieder (also keine Namen wie **berht-brant*). Das Zweitglied ist nur formal Grundwort, indem es Wortart und Genus bestimmt. Semantisch handelt es sich aber nicht um Determinativkomposita, bei denen das Erstglied als Bestimmungswort das Grundwort näher bestimmt (wie z.B. *Orts-name*). Vielmehr besteht nach Schramm (1957: 145) eine relativ große semantische Freiheit bei der Verbidung von Namengliedern, „zwischen denen sich nur eine lockere Bedeutungsbindung herstellen ließ, ja, die überhaupt keinen zusammenhängenden Sinn ergaben". Diese Namen beruhen auf dichterischen Mannbezeichnungen des Helden als „Angehörigen einer Kriegeroberschicht" (Schramm 1957: 144), wurden aber von allen Schichten verwendet. Sie haben bereits indoeuropäische Wurzeln und finden sich entsprechend auch in altgriechischer, keltischer und slawischer Überlieferung. Die Zweitglieder charakterisieren den Mann als Kämpfer und Herrscher, als strahlend und kühn, als Träger von Waffen und Rüstung und als Tier:

Zweitglieder	Bedeutung	Beispiel
-bald	kühn	*Willibald*
-beraht, -brecht, -bert	strahlend	*Siegbert*
-brand	Schwert	*Hildebrand*
-fried	Friede(nswahrer)	*Siegfried*
-helm	Helm	*Diethelm*
-her	Heer(führer)	*Gunther*
-raban, -ram	Rabe	*Bertram*
-rich	Herrscher	*Friedrich*
-wald	Herrscher	*Dietwald*
-wolf	Wolf	*Gundolf*

Tabelle 2.1: Ausgewählte Zweitglieder germanischer Rufnamen

Die Erstglieder bezeichnen den Raum, in dem sich der Krieger betätigt, also das Land und das Volk, die Kriegerschar und den Kampf, Rüstung und Waffen:

Erstglieder	Bedeutung	Beispiel
folk-	Volk, Kriegerschar	*Volker*
ger-	Speer	*Gernot*
heri-	Kriegerschar	*Heribraht, Heribert Herbert*
lant-	Land	*Lantberaht, Lambert*
thiot-	Volk	*Diethelm*

Tabelle 2.2: Ausgewählte Erstglieder germanischer Rufnamen

Frauennamen wurden von Anfang an durch Movierung der Zweitglieder der Männernamen gebildet, ohne dass hierzu eine eigene weibliche „Kriegerinnen"-Semantik anzunehmen wäre. So ist ein moviertes Zweitglied *-hildi* als Femininum zu einem seltenen Maskulinum *helda-* 'Krieger' entstanden (Schramm 1957: 162f.), mit dem Namen wie *Brünhilt* gebildet werden konnten. Dann wurden auch nichtmovierte Zweitglieder wie *-burg, -trud/-traut* verwendet, aus denen interpretatorisch nur schwer ein idealisierendes Frauenbild zu gewinnen ist.

Eingliedrige Rufnamen wurden schon früh als suffigierte Kurzformen zu Erstgliedern abgeleitet oder aus zweigliedrigen Namen durch Kontraktion oder als Lallformen gebildet.

Bildungsweise	Name(nglied)	Beispiel
starkes Maskulinum (*-a*)	*Wolf-*	*Wolf*
starkes Maskulinum (*-ja*)	*Hug-*	*Hugi*
schwaches Maskulinum	*Hun-*	*Huno*
-ing/-ung-Suffix	*Amal-*	*Amalung*
-k-Suffix	*Hild-*	*Hildiko, Hildchen*
-l-Suffix	*Wulf-*	*Wulfila, Wulfele*
-z-Suffix	*Hagin-/Hein-*	*Heinz(e)*
expressive Gemination	*Ot-*	*Otto*
Kontraktion	*Folchart*	*Focco*
Lallform	*Folcmar*	*Poppo*

Tabelle 2.3: Eingliedrige germanische Rufnamen (Schützeichel 2002: 32-37)

Auch bei der gegebenen Einnamigkeit gab es Mittel, um Verwandtschaft auszudrücken:

(a) **Nachbenennung**: Nach Kaiser Otto I. (936-973) trugen sein Sohn (Otto II., 973-983) und dessen Sohn (Otto III., 983-1002) denselben Namen.
(b) **Alliteration**: Im Nibelungenlied (Handschrift C Strophe 4) tragen die Brüder Kriemhilds am Wormser Burgundenhof die gleich anlautenden Namen *Gunther, Gernot, Giselher*, von denen *Gunther* (als *Gundahar*) im 5. Jahrhundert auch historisch bezeugt ist.

Ir pflagen dri kunige	edel und rich
Gunther und Gernot	die rechen lobelich
und Giselher der junge	ein wetlicher degen [mhd. wætlich 'stattlich']
diu frowe was ir swester	die helde hetens in ir pflegen

(c) **Variation** (und Alliteration) **des Erstgliedes** bei gleichbleibendem Zweitglied: Der Erzähler des Hildebrandsliedes führt in Vers 2-4 die Anführer und Herausforderer *hıltıbrant entı hadubrant* als Vater und Sohn ein und identifiziert Hildebrand in Vers 7 als *herıbrantes sunu*, woraus sich die Generationenfolge *heribrant – hiltibrant – hadubrant* ergibt.

Die germanische Personennamenüberlieferung von der Spätantike bis zum Frühmittelalter umfasst Zehntausende von Namen in Urkunden, Besitzverzeichnissen, Nekrologen, Mönchslisten usw. Ihre erste Erschließung war eine Pionierleistung des 19. Jahrhunderts (Förstemann 1900); ihre digitale Analyse und Dokumentation ist Aufgabe der Datenbank *Nomen et gens*.

Rufnamen von Herrschern sind im Mittelalter und auch in der Neuzeit bisweilen durch individuelle **Beinamen** erweitert worden, wobei zwischen zeitgenössischen und postumen Beinamen zu unterscheiden ist. Sie bestehen oft aus Adjektiven mit ehrender, wertschätzender Bedeutung wie *Karl der Große* oder charakterisierender Bedeutung wie *Karl der Kahle* (Lebe 1990).

(ii) Einzelne **biblische Rufnamen** wurden auch schon in althochdeutscher Zeit vergeben. Seit dem 12. Jahrhundert nimmt ihr Gebrauch stark zu; die beginnende und weiter zunehmende Heiligenverehrung insbesondere in Spätmittelalter und früher Neuzeit erweitert den Bestand kirchlicher Namen durch die **Heiligennamen**. In sprachlicher Hinsicht handelt es sich um hebräische, griechische und lateinische Namen. Nach der Heiligsprechung von Trägern germanischer Namen gewinnen auch diese Namen als Heiligennamen verstärkt Verwendung wie z.B. *Heinrich, Kunigunde, Ulrich*. Neutestamentliche biblische Namen wie *Anna, Elisabeth, Maria, Jakob, Johannes, Paulus, Petrus* finden allgemeine Verbreitung, aber auch alttestamentliche Namen wie *Abraham, Daniel, David* werden gebräuchlich. Heiligennamen im eigentlichen Sinn wie *Fridolin, Kilian, Martin* stehen mit der Verehrung der Heiligen in Verbindung und zeigen entsprechend deren geographischer Verbreitung engere oder weitere räumliche Verteilung.

Die fremdsprachigen Namen werden insbesondere bei der Akzentlage eingedeutscht, wobei regional unterschiedliche Formen gewählt werden.

Ausgangsform mit Akzentlage	Akzentverlagerung auf den Anfang	Akzentbewahrung
Ägidius	*Egid, Egede*	*Gedis, Gilli*
Ambrosius	*Ambros*	*Brosi(g), Brose*
Andreas	*Andres, Anders(ch)*	*Drewes, Drees*
Antonius	*Anton, Ant(h)es*	*Thöne, Tünnes*
Augustinus	*Augst, Au(g)st(e)in*	*Stinus, Stinnes*
Benedictus	*Bendix, Bendit*	*Dicks, Dittes, Dix*
Bonifatius	*Bonifaz, Bo(h)nes*	*Faatz, Fätz*
Christopherus	*Christoph*	*Stoff(el), Toff(e)l(s)*
Cornelius	*Cornel, Gornell*	*Nelles, Nehl, Niel(s)*
Dionysius	*Dinge(ni)s, Din(n)s(e)*	*Nies, Nisse, Neiß*

Tabelle 2.4: Eindeutschung männlicher Heiligennamen durch Verlagerung oder Beibehaltung des Wortakzents in heutigen, auf Rufnamen beruhenden Familiennamen (nach Kunze 2003: 34)

Die Variantenfülle der Rufnamen aus Heiligennamen steigt dann noch einmal durch die regional unterschiedlichen Verfahren der Kurzformen- und Diminutivbildungen und die unterschiedlichen Lautveränderungen in den einzelnen Dialekten des Deutschen, z.B. *Anna > Änne, Anne, Anni, Anje, Antje, Anke, Anneke, Ännchen*.

Zum Ende des Mittelalters sind die kirchlichen Rufnamen überall verbreitet. „Neben die sprichwörtlich häufigen *Hinz* und *Kunz* ([Kurzformen zu] *Heinrich* und *Konrad*) treten nun ebenso sprichwörtlich häufig *Hans* und *Grete* (*Johannes* und *Margarete*)." (Kunze 2003: 45). Die Reformation drängte die Heiligenverehrung und entsprechend die Heiligennamen zurück. In den protestantischen Gebieten wurden dann verstärkt biblische Namen verwendet.

(iii) Die **Neuzeit** bringt eine Fülle weiterer Rufnamen aus den antiken Sprachen und aus den modernen europäischen Sprachen als **Lehnnamen** ins Deutsche. Darunter sind oft auch fremde Ableitungen von bereits im Deutschen vorhandenen biblischen Namen, wie der folgenden Tabelle zu entnehmen ist:

englische (18./19.Jh.) *Cary, Daisy, Edith, Ellen, Fanny, Harriet, Jenny, Maud, Molly, Pamela; Alfred, Arthur, Edgar, Edmund, Edwin, Harry, Willy*	skandinavische (19.Jh.) *Helga, Ingeborg, Ingrid, Sigrid; Gustav, Hjalmar, Knut, Olaf*	slawische (19.Jh.) *Fe(o)dor(a), Olga, Sonja, Valeska, Wanda; Casimir, Wenzel*
französische (17./18.Jh.) *Annette, Antoinette, Babette, Charlotte, Claire, Henriette, Margot; Emil, Jean, Louis, Robert*	deutscher Sprachraum	altgriechische (16.Jh.) *Achillles, Aristides ← Hektor*
spanische (16.Jh.) *Alma, Elvira, Isabel; Ferdinand*	italienische (18./19.Jh.) *(E)leonore, Isabelle, Laura, Rosa(lia)*	lateinische (16.Jh.) *Cornelia, Livia, Lucretia, Sabina; Claudius, Julius*

Tabelle 2.5: Einströmen neuer Lehnnamen im 16.-19. Jahrhundert (nach der Karte bei Kunze 2003: 48)

Als besonders produktiv erwies sich beispielsweise der biblische Name *Elisabeth* (vgl. Debus 2016):

Elsbeth, Else, Ilse, Elisa, Elise, Elisabetta (ital.), Lisabeth, Li(e)sbeth, Lisa, Lies(a), Li(e)se, Lies(e)l, Lieschen, Lissa, Lissi, Liska (schwed., russ.), *Lisett(e)* (franz.), *Liz* (engl.), *Liza* (engl.), *Lizzy* (engl.), *Lilli, Lilly, Sissy*
Bess(y) (engl.), *Beth, Bet(h)a, Betsy* (engl.), *Betty* (engl.), *Betta, Bette, Betti, Bettina* (von ital. *Elisabettina*), *Bettine* u.a.

Tabelle 2.6: Formen des Namens *Elisabeth* nach Kohlheim/Kohlheim (2007: 22f.) und in den Einzelartikeln

Neuzeitlichen Moden verdanken sich auch zahlreiche **Movierungen** männlicher zu weiblichen Namen mit Hilfe verschiedener Suffixe. Die Namen können auch als fertige Ableitungen entlehnt worden sein.

-ie	-ike	-ine	-ette
Emilie	Diederike	Josefine	Antoinette
Eugenie	Friederike	Pauline	Bernardette
Ottilie	Henrike	Rudolfine	Georgette
Stefanie	Ulrike	Wilhelmine	Paulette

Tabelle 2.7: Movierungen auf *-ie, -ike, -ine, -ette*

(iv) In der Gegenwart wird der Rufnamenbestand im deutschen Sprachraum nochmals erweitert durch die Rufnamen von Einwanderersprachen, die nicht den europäischen Traditionen folgen. Ein Ausschnitt aus der Stichwortfolge im Duden-Vornamenlexikon zeigt die ganze Fülle der Herkunftssprachen für Rufnamen und ihre Ableitungen:

Rufname	Herkunftssprache
Karama	Afrikanisch: Suaheli
[1]*Karan*	Türkisch
[2]*Karan*	Indisch: Sanskrit
Kareen	Englisch, Schreibung eingedeutscht
Karel	Tschechische und niederländische Form von *Karl*
Karen	Dänisch, zu *Katharina* (griechisch)
Karim	Arabisch
Karin	Schwedisch, zu *Katharina* (griechisch)
Karl	Deutsch
Karla	Deutsch, Movierung zu *Karl*
Karlina	Deutsch, Weiterbildung zu *Karla*
Karlmann	Deutsch
Karlo	Italienische Form von *Karl,* Schreibung eingedeutscht
Karlotta	Italienische Form von franz. *Charlotte*, Movierung zu *Charles*, franz. Form von *Karl*, Schreibung eingedeutscht
Karmen	Spanisch, Schreibung eingedeutscht
Karoline	Weiterbildung zu *Karola*, Movierung zu *Karolus*, lateinische Form von *Karl*, Schreibung eingedeutscht
Károly	Ungarische Form von *Karl*
Karsta	Niederdeutsche Form von *Christa*, Kurzform von *Christiane*, Movierung zu *Christian*, lateinisch-griechisch
Karsten	Niederdeutsche Form von *Christian*, lateinisch-griechisch
Kasimir	Polnisch

Tabelle 2.8: Auszug aus der Stichwortliste *Ka-* (Kohlheim/Kohlheim 2021: 257f., danach die Herkunftsangaben)

2.4 Motivationen der Namengebung

(i) Für die **Namengebung** gibt es von genereller oder familiärer Tradition bestimmte Motive wie die **Nachbenennung** nach Eltern bzw. Großeltern oder Paten. Eine kirchliche Tradition ließ viele Familien die Namen nach dem **Heiligenkalender** vergeben. So erhielt der am 10. November 1483 geborene Martin Luther bei der Taufe am 11. November den Namen des Tagesheiligen Martin von Tours.

In der gesamten Neuzeit werden immer wieder bestimmte Namenträger als Vorbilder für die Namengebung prägend, so etwa die jeweiligen Landesfürsten oder politisch bedeutende Persönlichkeiten, literarische Figuren, Filmschauspielerinnen und Schauspieler usw. Für das 19. und 20. Jahrhundert wurden in der Vornamengebung Reflexe der öffentlichen Meinung von der Französischen Revolution bis zum nationalsozialistischen „Dritten Reich" nachgewiesen. Der einzelne Akt der Namengebung sagt stets nur etwas über die Namengeber, nicht über den Namenträger aus. Die Namengeber stehen auch als Individuen unter dem Einfluss von verbreiteten Meinungen, Ideologien oder Moden.

(ii) Individuelle Motive der Rufnamengebung können **semantisch** oder auch **phonetisch** geprägt sein. So mag die etymologische Bedeutung des biblischen Namens *Johannes* 'Jahwe hat Gnade erwiesen' (Kohlheim/Kohlheim 2020: 233) im Sinne eines Segenswunsches hinter einer entsprechenden Namenwahl stehen. Deutlich beobachtbar war beispielsweise die bewusste Wahl von vier mit *k*- anlautenden Rufnamen für die Kinder eines dem Autor bekannten Vaters *Klaus K.*

(iii) Immer wieder untersucht und diskutiert wird die Frage eines Zusammenhangs von sozialer **Schichtzugehörigkeit** und Rufnamengebung (vgl. Debus 1996a, Utech 2011). Die Problematik der Namensoziologie oder Sozioonomastik liegt darin, dass sie für die gesellschaftliche Gliederung in Schichten auf die Begriffe und Methoden der Soziologie angewiesen ist und erst auf dieser Basis und entsprechenden sozialen Daten die onomastischen Daten zuordnen und auswerten kann. Nübling et al. (2015: 140f.) kommen daher nach einem Überblick über verschiedene Einzeluntersuchungen zu der Feststellung:

„Das insgesamt wenig belastbare Wissen um die Schichtspezifik unserer RufN hängt einerseits damit zusammen, dass die von den Standesämtern lieferbaren (durch den Datenschutz stark begrenzten) Daten nicht immer klare Schichtzuweisungen erlauben, v.a. aber damit, dass soziale Schicht am RufN nie separierbar ist. Vielmehr ballt sich auf ihm ein Konglomerat aus Alter, Nationalität, Regionalität, Ethnizität, Geschlecht und manchmal auch Religion bzw. Konfession."

(iv) Den Namengebern unbewusst ist die von Nübling (2009, 2018b) erkannte ständig zunehmende **Sonorität** der Rufnamen, auch der männlichen, wodurch die lautlichen Unterschiede zwischen männlichen und weiblichen Rufnamen immer mehr abnehmen. Die zehn beliebtesten Vornamen 2022 in Dortmund belegen diese Tendenz deutlich:

Rang	Mädchen	Jungen	Rang	Mädchen	Jungen
1.	*Emilia*	*Noah*	6.	*Maria*	*Emil*
2.	*Lina*	*Adam*	7.	*Mia*	*Milan*
3.	*Emma*	*Liam*	8.	*Sophia*	*Luca*
4.	*Mila*	*Finn*	9.	*Ida*	*Mohamed*
5.	*Lia*	*Leo*	10.	*Lea*	*Paul*

Tabelle 2.9: Die zehn beliebtesten Vornamen 2022 in Dortmund (www.dortmund.de)

Die weiblichen Namen enthalten mit einer Ausnahme ([f] in *Sophia*) nur stimmhafte Laute: Vokale, die Nasale [m] und [n], die Liquiden [l] und [r], einmal den stimmhaften Frikativ [z] in *Sophia*, einmal den stimmhaften Plosiv [d] in *Ida*. Bei den männlichen Namen ist das Bild sehr ähnlich: Vokale, Nasale, Liquiden, einmal stimmhafter Plosiv [d] in *Adam*, einmal der stimmlose Frikativ [f] in *Finn*, je einmal die stimmlosen Plosive [t] durch Auslautverhärtung in *Mohamed*, [k] in *Luca* und [p] in *Paul*. Die hohe Stimmhaftigkeit charakterisiert dabei die Namen völlig unabhängig von ihrer sehr verschiedenen sprachlichen Herkunft, die hebräisch (*Noah*, *Adam*, *Lea*, *Maria*, dazu die Kurzform *Mia*), griechisch (*Sophia*), lateinisch (*Leo*, *Paul*, *Lia* Kurzform zu Namen wie *Julia*), französisch (*Emil*), italienisch (*Emilia*, *Luca*, *Lina* aus dem Suffix von Namen wie *Karolina*), tschechisch (*Mila*, *Milan*), englisch (*Liam*), irisch (*Finn*), arabisch (*Mohamed*) oder germanisch-deutsch (*Emma*, *Ida*) sein kann (alle Angaben nach den Einzelartikeln in Kohlheim/Kohlheim 2021). Diese onomastische Tendenz interpretierte Nübling (2009) als „Androgynisierung", (2018a) als „**Degendering**", also als Aufhebung geschlechtsspezifischer Unterschiede; vgl. auch Schmuck (2018) zu geschlechtsneutralen Namen.

2.5 Rufnamengeographie

Bestimmte regional geprägte Namengebungstraditionen oder Namenmoden haben sich deutlich in geographischen Rufnamenverteilungen niedergeschlagen. So lassen sich die Kartenbilder zu den Rufnamen *Therese* und *Agnes* (Kunze 2018: 422, 427) als Reflexe der entsprechenden regionalen Schwerpunkte bei der Heiligenverehrung im bayrischen Südosten bzw. im rheinischen Nordwesten interpretieren.

Auffällig deutlich haben sich auch Namengebungsvermeidungen und -vorlieben der DDR rufnamengeographisch niedergeschlagen. So zeigt die Karte *Tanja* (Nübling 2020: 334) ganz klar die Vermeidung des in der westlichen Bundesrepublik ganz normal verteilten russischen Namens *Tanja* in der DDR. Dagegen zeigen die Karten *Ronny/Robby* und *Mike/Maik* die Vorliebe der Namengeber in der DDR für angelsächsische Kurznamen (Nübling 2020: 340).

2.6 Spitznamen: Kosenamen, Spottnamen

Spitznamen sind inoffiielle, auf Ruf- oder Familiennamen oder Appellativen beruhende Anthroponyme, die in Paarbeziehungen, im familiären Umkreis oder in situativ gegebenen begrenzten Umfeldern wie zum Beispiel Schulklassen, Sportmannschaften usw. besondere Emotionalität ausdrücken. Sofern es um positive Emotionen geht, spricht man von Kosenamen; negative Emotionen ausdrückende Spitznamen werden als Spottnamen bezeichnet. Mit dieser von Nübling (2014a) vorgeschlagenen Begrifflichkeit wird die terminologische Überfülle von „Kurz-, Kose-, Neck-, Spitz-, Über-, Bei-, Ökelname" Kany (1995: 509) sehr viel übersichtlicher. *Ekelname* ist aus niederdeutsch *Ökelname* 'Übername' „unter fälschlicher Anlehnung an *Ekel* mit entsprechender semantischer Umdeutung" (DWDS) gebildet. Beinamen bleiben dann alle zusätzlich zum Rufnamen gegebenen Namen, Übernamen sind auf Eigenschaften des Trägers zielende Beinamen.

Die Bildungsweise dieser Namen geht oft von einer Kurzform eines Rufnamens aus, zu der ein Diminutiv mit *-chen-* oder *-lein*-Suffix (oder dialektalen Varianten davon) gebildet oder eine hypokoristische Form (**Hypokoristikum** = Kosewort) mit *-i*-Suffix gebildet wird:

Nikolaus – Klaus – Kläuschen – Klausi
Stefanie – Steff – Steffi – Steffichen
Bettine – Tine – Tineken

Bemerkenswerterweise wird das -*i*-Suffix geschlechtsneutral verwendet:
Ulrich > Uli, Ulrike > Uli

2.7 Deonymisierung

Einzelne Rufnamen sind aufgrund sehr großer Häufigkeit zu Appellativen deonymisiert worden, so beispielsweise die Kurzformen *Hinz* zu *Heinrich* und *Kunz* zu *Konrad*, deren Bedeutung im DWDS so erklärt wird: „umgangssprachlich, meist abwertend jedermann, alle Welt; gewöhnliche Personen (die man nicht besonders schätzt)."

Häufig sind auch Komposita aus Rufnamen als Grundwörtern mit meist negativ charakterisierenden Bestimmungswörtern wie *Bummelfritze* „salopp, abwertend 'träger, langsamer Mensch, Trödelfritze'", *Trödelliese* „umgangssprachlich, abwertend 'weibliche Person, die ständig trödelt'." -*fritze* wird wie ein Suffix „zur Bildung von Tätigkeit oder Zugehörigkeit charakterisierenden Personenbezeichnungen, vgl. Zeitungs-, Fernseh-, Versicherungs-, Werbefritze" benutzt (DWDS -*fritze*).

2.8. Tiernamen

Außer Menschen können auch andere Lebewesen, auch fiktive, Namen haben, die ihnen aber immer von Menschen gegeben werden. Neben eher seltenen Eigennamen von Pflanzen wie der in Kapitel 1.1 genannten *Tanzlinde* geht es hier um Namen von Tieren: **Zoonyme** (Tiernamen) (von altgriech. ζῷον. zōon 'Lebewesen'), die wie die menschlichen Rufnamen verwendet werden.

Tiernamen werden nach der Funktion der Tiere im Hinblick auf den Menschen gegliedert, also etwa in Haustiernamen, Zuchttiernamen und Wildtiernamen. Dabei ist an die in Kap. 1.1 gegebenen Hinweise zu erinnern, dass auch Eigennamen von Tieren Individualbezeichnungen sind, also nicht Bezeichnungen von Arten oder Rassen wie *Dackel*.

Tiernamen oder Zoonyme können als „eine wissenschaftlich vernachlässigte Namenklasse" gelten, deren „Forschungserträgen und Forschungsperspektiven" die Beiträge zur Namenforschung ihren Jubiläumsband 50 (2015) gewidmet haben: Die Zitate stammen aus dem Titel der Einleitung (Dammel et al. 2015).

Den Menschen als Namengebern stehen ihre Haustiere wohl am nächsten. Ihre Namengebung kann daher nach allen Aspekten der menschlichen Rufnamengebung erforscht und beschrieben werden. Dabei wird primär nach den bezeichneten Tieren selbst unterschieden, also nach Hunden, Katzen, Kaninchen, Meerschweinchen, Wellensittichen usw., und weiter nach ihrem Geschlecht. Für das Namenmaterial ergeben sich Fragen der Weiterverwendung anderer Namen, vor allem von Rufnamen, Fragen der lautlichen und der morphologischen Struktur usw. Unter pragmatischem Aspekt werden offizielle und inoffizielle Namenformen unterschieden und die Namen überhaupt als „Seismograph der Mensch-Tier-Beziehung" interpretiert.

Literatur zu Rufnamen: Namenbücher gibt es vom Reclamheft (Debus 1987) über Einbänder (Kohlheim/Kohlheim 2021) bis zum fünfbändigen Historischen Vornamenbuch (Seibicke 1996-2007 mit Angaben zur Herkunft und Etymologie, zu historischen Trägern, Verbreitung und Häufigkeit mit Zahlen und Quellen); vgl. weiter Nübling et al. (2015: 110-144); Debus (2012: 79-102); Seibicke (2008, 2004: 3537-3545, 1996a, 1991; Bach (1952, 1953); zur Namengebung Harweg (1997b); Wolffsohn/Brechenmacher (1999); Wolffsohn (2001); Brechenmacher (2001); Seibicke (1996b); Pohl (2019); zu Schichtzugehörigkeit und Rufnamengebung Frank (1977), Debus (1996a), Utech (2011); zu Konstanz und Wechsel in der Rufnamengebung von 1960 bis 2000 Müller (20001); jährliche Liste der häufigsten Vornamen (https://gfds.de/vornamen/beliebteste-vornamen/) (06.09.2023); zum Degendering als Aufhebung geschlechtsspezifischer Unterschiede Nübling (2009 und 2018a); zu geschlechtsneutralen Namen Schmuck (2018); zur Vornamenänderung transgeschlechtlicher Personen Schmidt-Jüngst (2018 und 2020); zu germanischen Rufnamen Schramm (1957); Schützeichel (2002: 23-32); Greule (1996a und 2006); zum Projekt „Nomen et Gens" Götz/Haubrichs (2005); Geuenich/Runde (Hgg.) (2006); Sonderegger (2006); zu biblischen und Heiligennamen Dräger (2016); Kohlheim/Kohlheim (2016); Haubrichs (2016); V. Kohlheim (1996a); zur konnotativen Bedeutung von Personennamen Hartmann (1984); Rodriguez (2017); zur Rufnamengeographie Kunze (2020); Nübling (2020); Kunze (2018); zu inoffiziellen Anthroponymen Ewald/Pohl (Hgg.) (2024); Nübling (2014a); Kany (1992, 1995); Eichler et al. (Hgg.) (1996, Nr. 274); zur Deonymisierung von Rufnamen Balnat (2018) (Wörterbuch mit Belegen für -liese, -fritze usw.); Meisinger (1925); Müller (1929).

Literatur zu Tiernamen: einführend Debus (2012: 191-195); Nübling et al. (2015: 191-205); Eichler et al. (Hgg.) (1996, Nr. 243); weiterführend Dammel et al. (2015); im Einzelnen zu Haustiernamen Schaab (2012); Krass (2014); zu Pferdenamen Schwerdt (2007); zu den Namen von Zootieren Ewald/Klager (2007), sowie die Artikel zu Haustiernamen, Hundezuchtnamen, zu den Namen von Nutztieren, von Zirkustieren und Versuchstieren in: BNF NF 50 (2015); zu inoffiziellen Zoonymen Ewald/Pohl (Hgg.) (2024).

2.9 Zusammenfassung

Rufnamen sind in Zeiten der Einnamigkeit die eigentlichen Personennamen. Nach der Entstehung der Familiennamen bilden sie zusammen mit diesen den Gesamtnamen einer Person. Die ältesten deutschen Rufnamen sind germanische ein- und zweigliedrige Männernamen und die von ihnen movierten Frauennamen. Sprachlich teilweise noch älter sind die seit dem Hochmittelalter verbreiteten biblischen und Heiligennamen. Die Neuzeit brachte viele Lehnnamen, die häufig auf denselben Namenquellen beruhten, in den Formen anderer europäischer Sprachen. Zur Vielgestaltigkeit der Rufnamen trugen die zahlreichen Kurzformen mit den auch geographisch variierenden Suffixen bei. Für die Namengebung sind sehr verschiedene Motivationen zu beobachten. Rufnamen zeigen namengeographisch deutliche Bilder; sie werden pragmatisch vor allem zur Bildung von Kosenamen (Hypokoristika) verwendet. Besonders häufige Rufnamen gehen durch Deonymisierung in den Wortschatz über.

Aufgabe 6: Informieren Sie sich über die zum Zeitpunkt der Benutzung dieses Buches geltende Rechtslage zu den Rufnamen, insbesondere zur Rufnamenänderung von Transsexuellen.
Aufgabe 7: Ordnen Sie die Rufnamen des zu Kapitel 1. gesammelten Corpus nach Vollformen und Kurzformen, und klassifizieren Sie die Kurzformen nach ihrer Bildungsweise.
Aufgabe 8: Ordnen Sie die Rufnamen des zu Kapitel 1. gesammelten Corpus den historischen/sprachlichen Rufnamenschichten zu, und überprüfen Sie die Einordnung an einem Rufnamenbuch.
Aufgabe 9: Versuchen Sie eine Strukturierung der Rufnamen des zu Kapitel 1. gesammelten Corpus nach alters- oder schichtbezogenen oder namengeographischen Aspekten.

Grundbegriffe: Einnamigkeit, Rufname, Vorname, Gesamtname, Vornamenänderung, Anrede, eingliedrige und zweigliedrige althochdeutsche Rufnamen, Männernamen, Frauennamen, Movierung, Nachbenennung, Alliteration, Namengliedvariation, Beinamen, biblische Namen, Heiligennamen, Lehnnamen, Namengebung, Sonorität, Degendering, Hypokoristikum, Deonymisierung

3. Familiennamen

Gegenstand dieses Kapitels sind innerhalb der Personennamen die Familiennamen. Nach der Begriffsklärung und den rechtlichen Grundlagen werden kurz grammatische Aspekte behandelt. Das Hauptgewicht liegt auf der Darstellung der Entstehung der deutschsprachigen Familiennamen und ihrer fünf Haupttypen. Weitere Abschnitte behandeln namengeographische Aspekte, fremdsprachige Familiennamen und Namensstigmatisierung, insbesondere im Hinblick auf die Familiennamen der Juden in Deutschland.

3.1 Definition und rechtliche Aspekte

Familiennamen sind Personennamen, die zusätzlich zum Rufnamen eine Person als zu einer Familie gehörig und als Personengruppennamen die Mitglieder einer Familie bezeichnen. Im Hinblick auf die einzelne Person bilden Rufname und Familienname den Gesamtnamen. Die Terminologie der Familiennamen variiert wie die der Rufnamen: Man spricht von Vornamen und Zunamen oder von Vornamen und Nachnamen, wobei in diesen Bezeichnungen eine feste Reihenfolge vorausgesetzt wird. Die Reihenfolge Familienname/Rufname kommt aber im deutschen Sprachraum regionalsprachlich durchaus auch vor; vgl. dazu Nübling/Kunze (2023: Abb. 32). Der zugrunde liegende Begriff Familie ist sehr unscharf, weil er weder durch biologische Verwandtschaft noch durch Heiratsverwandtschaft genau definiert werden kann. Bis 1976 galt in Deutschland die Regelung, dass die Frau bei der Heirat den Familiennamen des Mannes erhielt. Ebenso erhielten die Kinder den Familiennamen des Mannes. Heute stellt das Bürgerliche Gesetzbuch in § 1355 (1) eine *soll*-Bestimmung auf: „Die Ehegatten sollen einen gemeinsamen Familiennamen (Ehenamen) bestimmen." und regelt in Absatz 2: „Zum Ehenamen können die Ehegatten durch Erklärung gegenüber dem Standesamt den Geburtsnamen oder den zur Zeit der Erklärung über die Bestimmung des Ehenamens geführten Namen eines Ehegatten bestimmen." Zu den Kindern bestimmt das Bürgerliche Gesetzbuch in § 1616: „Das Kind erhält den Ehenamen seiner Eltern als Geburtsnamen." und trifft in § 1617 Regelungen für den Fall, dass die Eltern keinen Ehenamen führen.

Für Doppelnamen aus zwei Familiennamen galt in Deutschland bisher BGB § 1355 (4): „Ein Ehegatte, dessen Name nicht Ehename wird, kann durch Erklärung gegenüber dem Standesamt dem Ehenamen seinen Geburtsnamen oder den zur Zeit der Erklärung über die Bestimmung des Ehenamens geführten Namen voranstellen oder anfügen." Es konnte also nur ein Ehegatte einen Doppelnamen annehmen. Am 14. April 2024 hat der Deutsche Bundestag ein Gesetz zur

Änderung des Ehenamens- und Geburtsnamenrechts beschlossen, das die Verwendung eines Doppelnamens als Ehename aus den Namen der Ehegatten in beliebiger Reihenfolge mit oder ohne Bindestrich erlaubt. Auch für Kinder werden nun Doppelnamen möglich und Familiennamenänderungen im Zusammenhang mit Scheidungen erleichtert. Außerhalb familienrechtlicher Anlässe werden Änderungen des Familiennamens nur ausnahmsweise genehmigt. Von Erblichkeit der Familiennamen kann also nur in historischem Kontext gesprochen werden und hier auch nur mit der Einschränkung, dass Frauen bei der Heirat ihren ererbten Familiennamen verloren. Trotzdem hat sich für diesen Teil der Personennamen der Terminus Familienname gehalten.

Das in Deutschland, Österreich und der Schweiz geltende System des aus Rufname und Familienname bestehenden Gesamtnamens gilt keineswegs in allen Staaten, Sprach- und Kulturräumen; vgl. dazu Brendler/Brendler (2007) und die Zusammenstellung ausländischen Namenrechts auf der Internetseite des Bundesinnenministeriums.

3.2 Grammatische und pragmatische Aspekte

Familiennamen sind wie alle Namen Substantive und werden auch so flektiert. Soweit ein Bedürfnis nach einer Genitivmarkierung besteht, erfolgt sie durch *-s*:
Herrn Müllers Fahrrad, Frau Brauns Schreibtisch
Wenn mehrere Angehörige einer Familie bezeichnet werden, wird der Plural mit *-s* gebildet:
Müllers von nebenan, Brauns von gegenüber
Einzelne und mehrere Familienmitglieder können auch mit bestimmtem Artikel und Familiennamen bezeichnet werden, wobei leicht abwertende (pejorative) Aspekte mit ins Spiel kommen können, was aber auch durch den Kontext mitbestimmt wird. Man vergleiche etwa in einem Familiengespräch über Lehrer:
der Müller hat gesagt vs. *Herr Müller hat gesagt*
die Braun hat gesagt vs. *Frau Braun hat gesagt*
Landschaftlich begrenzt können weibliche Personen auch mit Neutrum-Artikel und Familiennamen bezeichnet werden: *das/dat Müllers*; vgl. zu den Rufnamen im Neutrum Kapitel 2.2.

Regional werden Familiennamen auch moviert, das heißt, es werden mit Suffixen Bezeichnungen für weibliche Personen abgeleitet: *die*

Müllersche, Luise Millerin (Hauptfigur in Schillers Drama 'Kabale und Liebe' von 1784, Tochter des Musikus Miller).

In der höflichen distanzierten **Anrede** zwischen Erwachsenen wird der Familienname üblicherweise mit den Anredewörtern *Frau* und *Herr* und dem Anredepronomen *Sie* verbunden. Anreden mit dem bloßen Familiennamen oder Verbindungen mit dem Pronomen *du* sind nur in besonderen Situationen üblich; vgl. Besch (1996).

3.3 Spitznamen, Pseudonyme, Decknamen

Auch Familiennamen unterliegen wie Rufnamen der pragmatischen Veränderung zu **Spitznamen** und auch dabei spielt das *-i*-Suffix eine produktive Rolle. Solche Namen treten in Milieus auf, in denen Familiennamen in Verbindung mit *du*-Anrede verwendet werden, etwa unter Schülern. Bach (1952: 178) nennt Beispiele wie *Mülli* für *Müller*, *Wäbi* für *Weber*, *Höppi* für *Höppner*. Die Fußballnationalspielerin Alexandra *Popp* wird *Poppi* genannt (Wikipedia). Wenn die AfD-Vorsitzende Alice Weidel den Präsidenten des Bundesamtes für Verfassungsschutz *Haldenwang* öffentlich *Haldi* nennt (nach F.A.Z Nr. 163 vom 17.07.2023, S. 3), so setzt sie ihn ironisch verniedlichend herab. Zu inoffiziellen Perssonennamen vgl. Nübling (2014a); Kany (1992, 1995).

Pseudonyme und Decknamen ersetzen den Gesamtnamen einer Person. Pseudonyme werden insbesondere von Künstlern verwendet; so benutzte der Autor Kurt Tucholsky in den zwanziger Jahren des 20. Jahrhunderts u.a. das Pseudonym *Peter Panter* (Namenschlüssel 1965: 695). Pseudonyme unterliegen keinerlei rechtlichen Regeln, so dass hinter einem Pseudonym auch zwei Personen stecken können, z.B. die Autoren Eva-Maria Bast und Jörn Precht (Piper Verlag) hinter dem Pseudonym *Charlotte Jacobi*. Geheimdienste verwenden manchmal Decknamen anstelle der echten Namen („Klarnamen") ihrer Agenten oder Informanten; vgl. zu den Decknamen der Informanten der Staatssicherheit der DDR Eichler et al. (Hgg.) (1995, Nr. 77).

3.4 Entstehung der deutschsprachigen Familiennamen: Die fünf Haupttypen

Familiennamen sind historisch jünger als Rufnamen, sie entstanden aus kommunikativen Bedürfnissen, als die überkommene Einnamigkeit in den Städten des Hoch- und Spätmittelalters nicht mehr praktikabel war. Zur

Unterscheidung von Personen mit gleichen Rufnamen verwendete man zunächst individuelle **Beinamen**, die den Träger nach persönlichen Eigenschaften, seinem Beruf, seiner Abstammung, seiner Herkunft oder seiner Wohnlage charakterisierten:

> *Heinrich Lang* oder *Lange* nach der Körpergröße
> *Heinrich Weber* nach dem Beruf des Webers
> *Heinrich Peters* mit dem Rufnamen des Vaters (Peter)
> *Heinrich von Aachen* nach der Herkunft aus der Stadt Aachen
> *Heinrich Amberg* nach der Lage seiner Wohnstätte an einem Berg

Die verwendeten Merkmale konnten als Beinamen nur funktionieren, wenn sie aktuell zutrafen. Wenn der Beiname nach dem Tod seines Trägers für seine Nachkommen weiterverwendet wurde, wurde er zum erblichen Familiennamen, was besonders dann deutlich wird, wenn das jeweils motivierende Merkmal aktuell nicht mehr vorlag. Bei den Herkunftsnamen ist das regelmäßig der Fall, da ja die Nachkommen des *Heinrich von Aachen* gerade nicht mehr aus Aachen zugezogen waren, ein *Konrad Lange* konnte dann auch klein gewachsen sein, usw.

Im Laufe des Spätmittelalters und der frühen Neuzeit setzte sich die Zweinamigkeit allmählich auch außerhalb der Städte durch oder wurde schließlich amtlich durchgesetzt (Schützeichel 2002: 74f.). Die fünf Haupttypen der Familiennamen zeigen im Einzelnen vielfältige Formen.

(i) Familiennamen aus Berufsbezeichnungen

Familiennamen aus Berufsbezeichnungen (**Berufsnamen**) machen einen großen Teil der deutschen Familiennamen aus, und sie stehen auch auf den ersten zehn Positionen der häufigsten Familiennamen in Deutschland: *Müller, Schmidt, Schneider, Fischer, Meyer, Weber, Schulz, Wagner, Becker, Hoffmann* (Kunze 2003: 198).

Die große Zahl der durch den Beruf motivierten Familiennamen gründet in der Differenzierung der mittelalterlichen Handwerke und Gewerbe, in der lexikalischen Vielfalt der Berufsbezeichnungen und in der metonymischen Verwendung von Wörtern für Produkte, Werkzeuge oder Verfahren. Die Vielfalt wird weiter gesteigert durch den Gebrauch mundartlich differierender Formen all dieser Bezeichnungen. Ein anschauliches Beispiel bietet Casemir (2009) „Namengebung und Namenmotivation am Beispiel des Bäckergewerbes"; er zeigt, welche praktischen Details und welche sozialen und rechtlichen Aspekte der Berufsausübung ihren

Niederschlag in den Namen finden und bei deren Deutung berücksichtigt werden müssen; daraus stammen die folgenden Namen:

Berufsbezeichnungen	*Beck, Böck, Peck, Becker, Beckermann, Hofbeck, Heimbeck, Nonnenbecker* (zum Verb *backen*) *Pfister, Pister, Pfisterer, Pistor, Pistorius* (aus lat. *pistor* 'Bäcker') *Fochetzer, Voggesser, Forgetzer, Foges* (zu mhd. *vochenz, vochenze* 'eine Art Fladen oder Weißbrot')
Ort der Tätigkeit	*Backhaus, Backes, Backofen*
Rohstoff	*Mehlhose, Mehlhorn, Teig, Teigeler, Daiger, Teigfuß*
Produkte und Zutaten	*Brotkorb, Brotsack, Brötle, Laible, Zuckerbecker, Kuchenbecker, Küchelbeckler, Küchler, Kiechler, Platzbecker, Butterweck, Butterwegge, Kringel, Lebkuchen, Lebkucher, Bretzler, Fladerer, Semmler, Simmler, Semmelrogge, Semmelweis, Stollenbecker, Strietzel, Stutenbecker, Mutzenbecker, Weggenmann, Weckmann*

Tabelle 3.1: Familiennamen zum Beruf des Bäckers (Casemir 2009)

Familiennamen überliefern auch Berufsbezeichnungen, die im appellativischen Wortschatz untergegangen sind. Der Familienname *Lagler* (belegt in Oberbayern) hat bei Gottschald (2002: 315) einen Verweis auf *Legel*, wo (2002: 320) für *Leg(e)l* die Bedeutung 'Fässchen' angegeben wird und die Namenvarianten *Lägel, Lagler, Leg(e)ler, Läg(e)ler* genannt werden. Der Artikel *Legler* im Digitalen Familiennamenwörterbuch führt den Namen auf die Berufsbezeichnung *Legler* 'Hersteller einer bestimmten Sorte kleinerer Fässer, der Lägel' zurück (vgl. *Lagel, Lägel* im ¹DWB). Etymologisch wird *Lagel* über mlat. *lagella* auf lat. *lagōna* zurückgeführt, „das wiederum aus dem griech. λαγυνος m. [lagynos] übernommen ist. Es handelt sich um ein altes Kulturwort, das auch in heth. *lahanni-* c. 'Flasche, Krug, meist aus Gold oder Silber' belegt ist. Das heth. Wort [...] ist über das Akkad. aus dem Sumerischen entlehnt." (EWA).

(ii) Familiennamen aus Rufnamen
Familiennamen aus Rufnamen sind historisch ganz überwiegend Vatersnamen, also **Patronyme** (von griech. πατήρ [patēr] ('Vater'). Ableitungen vom Mutternamen, **Metronyme** (von griech. μήτηρ [mētēr] 'Mutter') sind vergleichsweise seltener (vgl. Berndt 2009). Umfang und Verschiedenartigkeit der Familiennamen aus Rufnamen basieren zunächst auf der Zahl

der Rufnamen selbst, weiter auf deren regionaler Variation und auf den verschiedenen Bildungsweisen der Patronyme.

Zur Bildung von Patronymen steht der Rufname in unflektierter Form oder im Genitiv: *Peter*, starker Gen. *Peters*; *Otte*, schwacher Gen. *Otten*. Zusammensetzungen mit *-sohn*, verkürzt zu *-sen* (*Petersen*), oder *-mann* (*Petermann*) ergeben weitere Varianten.

Längere Rufnamen wie *Heinrich* oder *Nikolaus* gehen auch in ihren Kurzformen wie etwa *Heinz* und *Klaus* in die Familiennamen ein (*Heinzen, Klausen*), und das dann auch in regionalsprachlichen Varianten (*Henzen, Klaasen*). Dräger (2011, 2013) hat allein zu dem Rufnamen *Nikolaus* ca. 4.000 verschiedene Familiennamen untersucht. Die vielen Varianten beruhen einerseits auf den am Ende verkürzten Formen wie *Niklas, Nickel* usw., andererseits auf den am Anfang verkürzten Formen wie *Klaus, Klas, Klose, Klosa* usw. Von ihrer Fülle kann eine beschränkte Auswahl der Formen vom Typ *klas-* + *-en* (schwacher Genitiv) eine Vorstellung vermitteln (Dräger 2011: 273); vgl. auch Kunze (2003: 80f.).

Claahsen, Claasen, Claassen, Claaßen, Claassens, Claaßens	*Klaasens, Klaahsens, Klaasen, Klaasens, Klaassen, Klaaßen, Klaaßens*
Claehsen, Claehsens, Claesen, Claessen, Claeßen, Claessens, Claeßens	*Klaehsen, Klaehsens, Klaessen, Klaeßen, Klaessens, Klaeßens*
Clahsen	*Klahsen*
Clasen, Clasens, Classen, Claßen, Classens, Claßens	*Klasen, Klasens, Klassen, Klaßen, Klassens*

Tabelle 3.2: Familiennamenvarianten zu *Klasen* < *Nikolaus* (Dräger 2011: 273)

Die große graphische Differenziertheit mit im appellativischen Wortschatz unüblichen <c>-Schreibungen, mit <aa> und <aah> sowie mit <e> als Längenzeichen nach <a> trägt besonders zum proprialen Charakter der Namen bei (vgl. dazu Kap. 1.4).

(iii) Familiennamen aus Herkunftsnamen

Familiennamen aus **Herkunftsnamen** beruhen auf Zuzug aus Orten der näheren oder weiteren Umgebung in größere Städte. Der in den Herkunftsnamen eingegangene Ortsname bezieht sich demnach auf einen früheren Wohnort der Familie und ist erst an einem neuen Wohnort vergeben worden. Herkunftsnamen dokumentieren so den Einzugsbereich spätmittelalterlicher Städte; vgl. für Köln Schützeichel (1963: 8-12). Die

Namenforschung steht hier in engem Zusammenhang mit Sozial- und Wirtschaftsgeschichte. Voraussetzung der Erforschung von Herkunftsnamen ist die Erschließung stadtgeschichtlicher Quellen wie Ratsbücher, Bürgerlisten usw. (dazu Debus 1996b). Walther (2009) hat in diesem Sinne Leipziger Ratsbücher ausgewertet und die Ergebnisse in Listen zusammengestellt: 1. Herkunftsfamiliennamen aus dem näheren Umfeld, 2. Herkunftsfamiliennamen von Orten aus größerer Entfernung, 3. Nicht sicher bestimmbare Herkunftsorte, 4. Herkunftsfamiliennamen nach Ländern und Landschaften außerhalb Ostmitteldeutschlands. Die Einteilung der Listen, einzelne Anmerkungen und die zitierten Quellenbelege bieten einen Einblick in den Forschungsprozess und die speziellen Probleme der Herkunftsnamen. Hier sind Ausschnitte aus der zweiten Liste:

Herkunftsort	Jahr	Name
Bamberg/Oberfranken	1459	*Hans Bamberg*
	1466	*Caspar Bamberger*
Basel/Schweiz	1306	*Rudegerus de Basilea*
Bayreuth/Oberfranken	1495	*Ulrich Bayreyter*
Be(h)ringen nw. Gotha	1419	*Nigkel Beringer*
Berga n. Greiz	1244	*Gerhardus de Monte*
	1280	*Otto von Bergove*
	1412	*Johannes Bergav*
	1458	*Clauß Berga*
Berneck (Bad)/Oberfranken	1503	*Paulus Bernecker*
	1495	*Hans Pernecker*

Tabelle 3.3: Herkunftsfamiliennamen von Orten aus größerer Entfernung von Leipzig (aus: Walther 2009: 408)

Bei der Bildungsweise der Herkunftsfamiliennamen überwiegt ganz deutlich die Ableitung mit dem *er*-Suffix (z. B. *Caspar Bamberger*) neben der Verwendung des unveränderten Ortsnamens (z.B. *Hans Bamberg*). In präpositionalen Fügungen wird lat. *de* oder dt. *von* verwendet (z.B. *Gerhardus de Monte, Otto von Bergowe*).

Als Beispiel für eine Einzelanalyse wird der Familienname *Kückelhaus* betrachtet, der z.B. im westlichen Sauerland, etwa in Halver und Lüdenscheid, vorkommt. Als Kompositum mit dem Grundwort *-haus* wird er im Vorgriff auf Kap. 5. als ursprünglicher Siedlungsname bestimmt. Der Familienname ist daher als Herkunftsname zu erklären, und die Internetrecherche führt mit Hilfe von Wikipedia auf eine Hofschaft Kückelhausen, die zur Gemeinde Halver gehört. Bei der Verwendung von Siedlungsnamen auf -*hausen* als Beinamen und dann als Familiennamen wurde die typische Siedlungsnamenendung -*en* häufig gekürzt. Dass man in Halver als örtlichem Zentrum jemanden nach der Herkunft aus der nahen Hofschaft benannte, erscheint plausibel. Weitere etymologische Bemühungen gelten dem Siedlungsnamen selbst; vgl. Kap. 5.4.

(iv) Familiennamen aus Wohnstättennamen

Familiennamen nach der Lage der jeweiligen Wohnung bzw. des Wohnhauses konnten nur nach den aktuellen Gegebenheiten entstehen. Einen Beinamen *Amberg* oder *Amtor* konnte nur erhalten, wer am Berg oder am Tor wohnte. Nach seinem Erblichwerden überstand der Familienname auch einen Wechsel in eine andere Wohnlage. **Wohnstättennamen** beziehen sich demnach auf Gegebenheiten der Städte oder die Lage eines Hofes. Sie sind häufig aus präpositionalen Fügungen entstanden wie *Amberg* < *an dem Berg* (mit Akzentwechsel), es kommen aber auch Ableitungen mit -*er* oder -*ler* (*Berger*, *Bergler*), Komposita mit -*mann* (*Bergmann*) oder bloße Substantive (*Berg*) vor. Da die zugrunde liegenden Appellative wie z.B. *Berg* häufig auch als Siedlungsnamen verwendet wurden, sind Wohnstättennamen und Herkunftsnamen nicht immer sicher zu unterscheiden.

Eine Liste der Namen mit *zum* < *zu dem* aus dem Digitalen Familiennamenwörterbuch Deutschlands veranschaulicht den Typ; dort finden sich in den Einzelartikeln weitere etymologische und sprachgeographische Erklärungen:

zum Beck	*Zumborn*	*Zumdieck*
zum Brock	*Zumbrink*	*Zumdiek*
zum Dohme	*Zumbrun*	*Zumdohme*
zum Sande	*Zumbrunn*	*Zumdome*
Zumbach	*Zumbrunnen*	*Zumloh*
Zumbeck	*Zumbühl*	*Zumsande*
Zumbiehl	*Zumbusch*	

Tabelle 3.4:   Wohnstättennamen mit *zum* aus DFD

Ähnliche Listen lassen sich etwa auch mit der Präpositionalform *zur* oder niederdeutsch *ter* usw. erstellen.

Besonders häufig sind Familiennamen aus -*er*-Ableitungen zu Bezeichnungen von Geländeformen, Gewässern, Wegen u.ä.:

Geländeformen:	*Berger, Bühler* (zu süddt. Bühl 'Hügel'), *Gruber, Moser* (zu süddt. *Moos* 'Sumpf')
Gewässer:	*Brunner*
Wege:	*Steger, Gasser, Strasser*

Im Digitalen Familiennamenwörterbuch werden dazu jeweils auch konkurrierende Erklärungsmöglichkeiten, vor allem aus Herkunftsnamen, dokumentiert. Zu den Wohnstättennamen zählen auch Familiennamen, die aus Hausnamen entstanden sind wie z.B. *Zum Engel, Adler, Löwen* und *Ochsen* nach den Symbolen der vier Evangelisten des Neuen Testaments, die auch heute noch in Wirtshaus- oder Apothekennamen vorkommen.

(v) Familiennamen aus Übernamen
Beinamen nach körperlichen Merkmalen, Gewohnheiten und Lebenswandel der Namenträger werden als **Übernamen** bezeichnet. Nach dem verwendeten Wortschatz und seiner Bedeutung erscheinen sie als sehr vielgestaltig und schwer klassifizierbar. Das soll an einer Zusammenstellung von Debus veranschaulicht werden:

Bauch, Bedürftig, Böse, Dick, Fleischfresser, Frauenfeind, Fröhlich, Fromm, Gernegroß, Gleißner, Groß/Groot, Großkopf, Holbein, Klein, Klug(e), Kraus(e), Kühn(e), Lang, Langbehn, Langnese, Luchterhand (<mnd. *lucht ' link'*, meist im Komparativ), *Schädlich, Schiller* ('Schieler'), *Schleicher, Schluckebier, Schön(e), Schwarz, Stammler, Stark(e), Störtebecker* ('stürz den Becher'), *Trinkaus, Unfug, Unrecht, Weiß/Witt, Wendehals, Wohlgemuth, Uebel, Zänker;*
Bock, Fuchs/Voss, Hahn, Hasenfuß, Huhn, Kuckuck, Specht, Sperber, Stier, Tauber;
Baum, Bluhm, Holzapfel, Knobloch, Kohl, Korn, Kümmel, Pfeffer(korn); Brod(t), Krautwurst, Sauerbier/Suhrbier, Schmalz, Speck;
Harnisch, Helm, Hut, Kittel, Pel(t)z, Schild(t), Speer;
Becher, Beil, Hammer, Flegel, Keil, Kessel, Kiesel, Krug, Rohleder, Zink; Habenicht, Hundertmark, Penning, Schilling, Wucherpfennig, Zwantzig; Bischof, Graf/Grewe, Kaiser, König, Marquard(t), Paape, Pfaff(e), Schulz(e); Abendroth, Donner, Frost, Herbst, Hornung, Lenz, Mai, Nebel, Sommer

---

Tabelle 3.5: Übernamen, deren „Benennungsmotive ohne Erklärung deutlich sind", aus Debus (2009: 104)

Ansätze zur Gliederung liefert beispielsweise die zugrunde liegende Wortart: Übernamen aus Adjektiven kennzeichnen äußere Merkmale (*Dick, Groß, Klein*) oder innere Merkmale (*Fromm, Fröhlich*). Übernamen aus Substantiven bezeichnen zum Beispiel auffällige Körperteile (*Bauch, Großkopf, Langbehn, Langnese*); dazu Kunze (2003: 144) mit einer Graphik des menschlichen Körpers und entsprechenden Übernamen. Weitere Übernamen liefern etwa bevorzugte Speisen und Getränke (*Knobloch, Kohl, Korn, Kümmel, Krautwurst, Surbier, Schmalz, Speck*).

Übernamen aus Verben bezeichnen Gewohnheiten (*Schleicher, Stammler, Zänker*). Neben solchen mit -*er*-Suffix abgeleiteten nomina agentis (Bezeichnungen der handelnden Person) gibt es auch imperativische Satznamen zum Beispiel aus Verb und Akkusativobjekt (*Schluckebier, Stürzenbecher*, ndt. *Störtebeker*); vgl. dazu Eichler et al. (Hgg.) (1995, Nr. 64).

In manchen Fällen lassen sich Übernamen nur schwer von indirekten Berufsnamen trennen; so könnte *Surbier* auch einen Brauer oder *Speck* einen Metzger bezeichnet haben. Eindeutige Entscheidungen sind hier nur aufgrund eindeutiger Quellenbelege möglich, in denen beispielsweise außer dem Namen auch der Beruf angegeben ist.

Der Anteil der einzelnen Typen an den 1.000 häufigsten deutschsprachigen Familiennamen beträgt laut Nübling/Kunze (2023: 31) 34% Patronyme, 25% Berufsnamen, 18% Übernamen und 23% Herkunfts- und Wohnstättennamen, die hier begründet zusammengefasst werden.

Bei der Deutung von Familiennamen muss vor vorschnellen Etymologien gewarnt werden. Analysen sollten möglichst nur mit gesicherten Herkunftsdaten und älteren Belegen vorgenommen werden, damit regionalsprachliche Gegebenheiten angemessen berücksichtigt werden können. Auch dann wird es oft genug zahlreiche konkurrierende Deutungsmöglichkeiten geben (vgl. dazu Kohlheim/Kohlheim 2005: 20-50; Kunze 2003: 154f.). Angesichts der außerordentlich großen Zahl von Familiennamen ist es ausgeschlossen, dass alle Namen in einem Namenbuch vorkommen; zum Beispiel der niederrheinische Name *Schopps* fehlt überall.

3.5 Familiennamengeographie

Die außerordentlich große Zahl der Familiennamen in Deutschland beruht auf einer ganzen Reihe von Faktoren, nämlich auf der Differenzierung der mittelalterlich-frühneuzeitlichen Gewerbe, auf der Fülle möglicher Motive für Übernamen, auf der großen Zahl möglicher Herkunftsnamen und Patronyme, darüber hinaus aber auch noch auf der **wort- und lautgeographischen Gliederung** des deutschen Sprachgebietes.

In der heutigen deutschen **Wortgeographie** stehen die Handwerkerbezeichnungen *Metzger*, *Fleischer*, *Schlachter* nebeneinander (Nübling/Kunze 2023, Abb. 270b). Die geographische Verteilung entsprechender Familiennamen zeigt aber ein älteres wortgeographisches Bild, in dem die jüngere Bezeichnung *Schlachter* noch keine große Rolle spielte und die vollständige Form *Fleischhauer* gegenüber verkürztem *Fleischer* noch dominierte; zu den Einzelheiten Nübling/Kunze (2023: 276f.). Wo für ein Handwerk nur ein Wort existierte, konnte auch nur eine Bezeichnung zum Familiennamen werden; darauf beruht auch die Häufigkeit des Namens *Müller*.

Namengeographisch spiegelt sich auch der Gegensatz von norddeutschem Diminutiv *-ken/-chen* und süddeutschem *-lein* in Familiennamen wie norddeutsch *Lübke* und süddeutsch *Riedl*.

Der zur Familiennamenbildung verwendete Wortschatz zeigt über die Wortgeographie hinaus auch eine deutliche **lautgeographische Prägung**. Aller Lautwandel von der voralthochdeutschen 2. Lautverschiebung bis zur frühneuhochdeutschen Diphthongierung trat immer nur in bestimmten Gebieten mit bestimmten Ausprägungen auf. Ein einfaches und deshalb besonders deutliches Beispiel bieten Nübling/Kunze (2023: Abbildung 119): In dem Wort *Fuchs* in der älteren Aussprache mit Frikativ [fuχs] trat im Norden des Sprachgebietes eine Assimilation der beiden Frikative zu [s] ein, gleichzeitig eine Senkung des Vokals [u] zu [ɔ]. Mit der Wahl der Graphie <v> für [f] entstand die deutlich unterschiedene (schriftliche) Namenform *Voß*, deren namengeographische Verteilung neben *Fuchs* im Süden ein Reflex der Lautgeographie ist.

Besonders komplex sind Fälle, in denen die 2. Lautverschiebung germ. *p* in zwei verschiedenen Positionen im Wort betrifft, nämlich im Anlaut, wo nur im Oberdeutschen Verschiebung zu *pf-* eintrat, und in postvokalischer Stellung, wo die Verschiebung zu *-ff-* im ganzen hochdeutschen Sprachraum gilt. So ergaben sich aus vorahd. **pīpāri* altobd. *pfiffāri*, altwestmd. *pīffāri* neben altsächsisch (altniederdeutsch) *pīpāri*. Als diese Berufsbezeichnung Übername und dann Familienname wurde, trat auch noch je nach Landschaft die frühneuhochdeutsche Diphthongierung von ahd./mhd. *ī* zu *ei* ein. So entstanden Formen mit und ohne Lautverschiebung und mit und ohne Diphthongierung in charakteristischer sprachgeographischer Verteilung:

	ohne Diphthongierung	mit Diphthongierung
ohne Lautverschiebung	niederdeutsch *piper*	
mit postvokalischer *p*-Verschiebung	ribuarisch *piffer*	rheinfränkisch *peifer*
mit postvokalischer *p*-Verschiebung und Anlautverschiebung	elsässisch, badisch, schweizerdeutsch *pfiffer*	ostfränkisch, schwäbisch, bairisch *pfeifer*

Tabelle 3.6: Lautverschiebung und Diphthongierung bei *Pfeifer*

Alle diese mundartlichen Formen der Berufsbezeichnung konnten zu Familiennamen werden. Bei der Verschriftlichung der Namen konnte aber überall auch die Form der hochdeutschen Schriftsprache *Pfeifer* mit vollständiger Lautverschiebung und mit Diphthongierung anstelle der Mundartformen geschrieben werden; dazu vgl. Nübling/Kunze (2023: 184-186); das Portal der schweizerischen Familiennamenforschung: https:// familiennamen.ch/name/Pfiffer.

3.6 Entstehung der fremdsprachigen Familiennamen: Kontaktgebiete und Migrationsschichten

Die Familiennamen in Deutschland sind ihrer Etymologie nach keineswegs alle deutschsprachig, und das gilt bereits seit ihrer Entstehung, da im Rufnamenschatz, der den patronymischen Familiennamen zugrunde lag, zahlreiche Rufnamen lateinischer, griechischer oder hebräischer Herkunft vorhanden waren; vgl. dazu Kapitel 2.3. So ergaben sich seit frühester Zeit Familiennamen beispielsweise aus dem Heiligennamen und Rufnamen *Martinus*: *Martin, Martinsen, Mertens* usw. Die dazu gehörige Namenform *Martini* zeigt eine lateinische Genitivendung und gehört zu den Latinisierungen und Gräzisierungen im Zeitalter des Humanismus ab dem Ende des 15. Jahrhunderts. Dieser Mode verdanken sich lateinische Übersetzungen wie *Faber* für *Schmied*, *Pistor* für *Becker*, *Agricola* für *Bauer*, oder griechische wie *Neander* für *Neumann*, sowie Hyperlatinisierungen wie *Fabrizius* zu *Faber*, *Kurzius* zu deutsch Kurz; vgl. im Einzelnen, auch zur geographischen Verteilung, Nübling/ Kunze (2023: 239-246); Kroiß (2021, 2022).

Der Anteil der Familiennamen slawischer Herkunft an den Familiennamen in Deutschland wird von Nübling/Kunze (2023: 137) auf „knapp 10%" geschätzt. Slawische Familiennamen entstanden schon gleichzeitig mit deutschsprachigen seit dem 12. Jahrhundert im Zusammenhang mit deutscher Siedlung in den elb- und ostseeslawisch besiedelten Gebieten (dazu Schlimpert 1964) sowie in Böhmen, Mähren und in Polen. Sie wurden nach längerer deutsch-slawischer Zweisprachigkeit stärker ins Deutsche integriert als jüngere auf Einwanderung beruhende. Typisch ist die lautliche und graphische Integration z.B. des Namentyps mit -*k*-Suffix und vorhergehendem -*s*-Laut in der Form -*schke*, wie ein Ausschnitt aus dem rückläufigen Index bei Kohlheim/Kohlheim (2005: 826) anschaulich zeigt (vgl. auch Nübling/Kunze 2023: 250f.; Hengst 2001):

Jeschke	*Holschke*	*Pörschke*
Leschke	*Hanschke*	*Purschke*
Meschke	*Enschke*	*Matschke*
Peschke	*Roschke*	*Natschke*
Reschke	*Röschke*	*Andratschke*
Teschke	*Proschke*	*Paetschke*
Zeschke	*Marschke*	*Nietschke*
Lischke	*Pärschke*	*Metschke*
Plischke	*Dierschke*	*Petschke*
Mischke	*Poerschke*	*Ditschke*
Pischke	*Perschke*	*Mitschke*
Krischke	*Pirschke*	*Nitschke*
Zischke	*Porschke*	*Hentschke*

Tabelle 3.7: Ausschnitt aus dem rückläufigen Namenverzeichnis in Kohlheim/Kohlheim (2005)

Ohne Prüfung im Einzelfall kann aber nicht für jeden Familiennamen auf -*schke* slawische Herkunft angenommen werden. So werden *Marschke* und *Kirschke* bei Kohlheim/Kohlheim (2005) als deutsche Ableitungen von *Marsch* und *Kirsch* erklärt.

In jüngerer Zeit beruhen Familiennamen aus slawischen und baltischen Sprachen, aus dem Italienischen, Französischen oder Spanischen, aus dem Türkischen, Arabischen und weiteren Sprachen auf Einwanderung ihrer ersten Träger aus dem jeweiligen Sprachraum in bestimmten historischen Kontexten und zu verschiedenen Zeiten; sie öffnen also, wie Nübling/ Kunze (2023: 90) es formulieren, „Fenster zur Migrationsgeschichte"; vgl. die Artikel in Hengst/Krüger (2009-2011) und die einzelnen Abschnitte bei Nübling/Kunze (2023) mit Karten und Kommentaren.

Gut erforscht sind die älteren Komplexe der Hugenotteneinwanderung mit französischen Familiennamen und der Bergarbeitereinwanderung mit polnischen Familiennamen. Französische Protestanten kamen aus religiösen Gründen nach der Aufhebung des Edikts von Nantes im Jahre 1685 in größerer Zahl in das deutsche Sprachgebiet. Französische Einwanderung gab es aber auch vorher und später und nicht nur aus religiösen Gründen. Das Digitale Familiennamenwörterbuch Deutschlands bietet mit Hilfe des Filters „Sprachen: französisch" aus derzeit 63.483 bearbeiteten Namenartikeln eine Liste mit 527 Namen französischen Ursprungs. In den einzelnen Artikeln wird auch auf Varianten verwiesen, die die graphischen und phonetischen Vorgänge der Eindeutschung sichtbar machen, z.B. wird von *Lafleur* auf *Laffleur, Laflör, Lafflör* verwiesen oder von *Larosch* auf *Laroche*. Auf den entsprechenden Karten bei Nübling/Kunze (2023: 111, 113) liegen die räumlichen Schwerpunkte französischer Familiennamen in Deutschland ganz im Westen.

Der räumliche Schwerpunkt polnischer Familiennamen liegt im Ruhrgebiet (Nübling/Kunze 2023: 143f.), wohin seit etwa 1890 in größerem Umfang polnische Bergarbeiter einwanderten. Ihre Familiennamen prägen bis heute die Familiennamenlandschaft im Ruhrgebiet und sind in einem eigenen Namenbuch dargestellt (Rymut/ Hoffmann 2006). Eine knappe Übersicht bietet Czopek-Kopciuch (2011). Daraus ist die Liste der zehn häufigsten polnischen Familiennamen im Ruhrgebiet in verkürzter Form entnommen:

Nowak	mit	17 Varianten	*Wieczorek*	mit	25 Varianten
Kaminski	mit	9 Varianten	*Kozłowski*	mit	9 Varianten
Wenzel	mit	4 Varianten	*Grabowski*	mit	3 Varianten
Kowalski	mit	6 Varianten	*Szymański*	mit	11 Varianten
Wiszniewski	mit	24 Varianten	*Dąbrowski*	mit	14 Varianten

Tabelle 3.8: Die 10 häufigsten polnischen Familiennamen im Ruhrgebiet in der Reihenfolge ihrer Häufigkeit, nach Czopek-Kopciuch (2011: 198-200)

Auf jüngere Migration gehen die türkischen Familiennamen in Deutschland zurück (dazu Kreiser 2011; Aydin in Nübling/Kunze 2023: 90-99). Sie zeigen in den Karten bei Nübling/Kunze (2023, Abb. 53b, 54b) eine charakteristische geographische Verteilung mit Schwerpunkten in den industriellen Ballungsräumen und Großstädten im Westen Deutschlands und in Berlin, während sie im Osten sehr viel seltener sind. Die Verteilung ist für die vier häufigsten türkischen Familiennamen *Yilmaz, Kaya, Celik* und *Demir* ganz identisch und erklärt sich aus den Anwerbeabkommen der Bundesrepublik in den 60er und 70er Jahren des 20. Jahrhunderts.

Dagegen zeigt der Familienname *Türk* (mit Varianten *Türke, Türck* u.a.) eine völlig andere geographische Verteilung über ganz Deutschland (Nübling/Kunze 2023: Abb. 53). Er kommt schon im 15. Jahrhundert in Deutschland vor und ist nicht als ethnischer Herkunftsname zu erklären, sondern in der Regel Übername für Personen mit biographischem Bezug zur Türkei. Heute fällt er mit dem türkischen Familiennamen *Türk* zusammen.

3.7 Familiennamenstigmatisierung und die Familiennamen der Juden

Auch die Familiennamen werden als eng mit der Person verbunden wahrgenommen; Spiel oder gar Spott mit dem Familiennamen können daher den Namenträger verletzen. Ein markantes Beispiel hat Goethe in seiner Autobiographie „Aus meinem Leben. Dichtung und Wahrheit" (1811-1814) überliefert. Er schreibt über das Zusammensein mit J. G. Herder in seiner Straßburger Zeit (1770/71), Herder habe mit seinem Namen gespielt, und er begründet noch vierzig Jahre später seine Verletztheit, indem er die Bedeutung des Namens für die Person beschreibt:

> „Der von Göttern du stammst, von Gothen oder vom Kothe,
> Goethe, sende mir sie." (J. G. Herder)
> „Es war freylich nicht fein, daß er sich mit meinem Namen diesen Spaß erlaubte: denn der Eigenname eines Menschen ist nicht etwa wie ein Mantel, der bloß um ihn her hängt und an dem man allenfalls noch zupfen und zerren kann, sondern ein vollkommen passendes Kleid, ja wie die Haut selbst ihm über und über angewachsen, an der man nicht schaben und schinden darf, ohne ihn selbst zu verletzen."

Diese Relevanz des persönlichen Namens für seinen Träger nutzte der Antisemitismus des 19. und 20. Jahrhunderts aus, indem er bestimmte Familiennamen von Juden zu besonders markierten jüdischen Namen stigmatisierte. Die Annahme von Familiennamen war bei der Verleihung der Bürgerrechte an Juden (in Preußen ab 1812, in Bayern ab 1813 usw.) verlangt worden. An die Stelle der bisherigen Einnamigkeit und bei Bedarf zusätzlicher Nennung des Vatersnamens musste der im deutschen Sprachraum geltende Gesamtname aus Rufname und Familienname treten. Bei der Wahl der Familiennamen orientierten sich die jüdischen Bürger an den allgemeinen Gegebenheiten der deutschen Familiennamen und wählten häufig Herkunftsnamen auf *-er* wie *Oppenheimer*, *Geisenheimer*, *Guggenheimer* usw., Hausnamen aus Judengassen wie in Frankfurt, beispielsweise *Adler*, *Fisch*, *Hecht*, *Rothschild* usw. (Schiff 1917: 12f.), Übernamen aus Adjektiven wie *Alt*, *Groß*, *Klein*, *Ehrlich*, *Freundlich*, *Kühn* usw. Auch poetische Namen aus der Literatur der Empfindsamkeit wie *Sternberg*, *Sternheim*, *Morgenthau* wurden gerne gewählt (dazu Bach 1953: 268). Aus diesen historischen Umständen ergibt sich, dass „es keine FamN gibt, die exklusiv jüdisch wären" (Nübling/Kunze 2023: 82). Bering (1996: 1302f.) spricht in diesem Sinne vom „Fehlen jeglicher Trennschärfe" und weist auf die Folgen für den Antisemitismus hin: „Die Kategorie ‚jüdischer Name' (vs. ‚Namen der Juden') war selber als polemisches Konstrukt der Judenfeinde erst einmal zu entwickeln." Der Antisemitismus konstruierte in der Literatur und in der Presse, besonders in der Karikatur, einen Typus ostjüdischer Herkunft, der durch Physiognomie, Haarfarbe und Gang äußerlich erkennbar sei, dem bestimmte negative Charaktereigenschaften zugeschrieben wurden und der einen als typisch jüdisch deklarierten, **stigmatisierten Namen** trug. So heißt in dem damals erfolgreichen Roman von Gustav Freytag „Soll und Haben" (1855) der jüdische Makler *Ehrenthal* und sein charakterlich negativ gezeichneter Buchhalter *Veitel Itzig*. Dabei wählt Freytag treffsicher für die Figur des Maklers einen Namen aus dem Bereich von Juden gewählter poetischer Namen, während sein Buchhalter den alttestamentlichen Rufnamen *Isaak*, *Itzhak* in der Form *Itzig* als Familiennamen trägt. Das Ergebnis der Stigmatisierung dieses Namens und seiner Deonymisierung formuliert das Digitale Wörterbuch der deutschen Sprache (DWDS) so: „Itzig / Bedeutung / veraltet, umgangssprachlich, abwertend / Jude."

Bering (1987) hat anhand von Namenänderungsanträgen in Preußen die Markiertheit bestimmter Familiennamen als jüdische Namen nachgewiesen, der jüdische (und auch nichtjüdische) Namenträger durch Namenänderung zu entgehen versuchten. Die Anträge offenbaren leidvolle Schicksale von Menschen, die ihren christlichen Glauben, ihre patriotische preußische Einstellung, ihr Deutschsein beteuern und einem als jüdisch stigmatisierten Namen zu entkommen suchten, dessen negative Wirkung auf ihr Leben sie konkret beschreiben konnten (Bering (1987: 289ff.); vgl. auch Wagner-Kern (2002: 82-113).

In der politischen Auseinandersetzung der Weimarer Republik mit den Nationalsozialisten kulminiert die antisemitische Namenstigmatisierung und ihre Abwehr im „Kampf um Namen" (so der Titel von Bering 1991) mit dem Untertitel „Bernhard Weiß gegen Joseph Goebbels"; vgl. dazu und zu Rufnamenstigmatisierung Kapitel 2.2.

Weiterführende Literatur: R. Kohlheim (1996a, 1996b); Seibicke (2004: 3535-3549, 2008); Debus (2001); Nübling et al. (2015: 144-168); Naumann (2015); Bach (1952); Familiennamenlexika: DFD; Kohlheim/Kohlheim (2005); Udolph/ Fitzek (2005); Gottschald (2002); Naumann (1994); Brechenmacher (1957-1963); Linnartz (1958); Hornung (1989); zu Aspekten österreichischer und Deutschschweizer Familiennamen Hausner (2009); Kully (2009); zu luxemburgischen Familiennamen Kollmann et al. (2016); zur Problematik der Definition und Terminologie Schützeichel (2002: 46); S. Brendler (2011); zum Begriff Erbname Harweg (1997b); zu den rechtlichen Regelungen Schwab (2015); Seutter (1996); Eichler et al. (Hgg.) (1996, Nr. 275, 276); zur Ehenamenwahl Rosar (2021); zu grammatischen Aspekten Debus et al. (Hgg.) (2014) (Beiträge zu Flexion, Wortbildung, Syntax u.a.); zum Genitiv Neef (2006); zur Entstehung des *s*-Plurals Schmuck (2011); zur Movierung und ihrer heutigen pejorativen Wirkung Schmuck (2017); zum Neutrumgebrauch *das Merkel* und seinem pejorativen Charakter Nübling (2014b, 2017); zu den Haupttypen der Entstehung: Nübling/Kunze (2023: 358-407); Kremer (Hg.) (2018); Kunze (2003: 106-137); Familiennamen aus Rufnamen: Nübling/Kunze (2023: 267-301); Kunze (2003: 72-83); Herkunftsnamen: Nübling/Kunze (2023: 301-322); Kunze (2003: 84-93); Wohnstättennamen: Nübling/Kunze (2023: 323-358); Kunze (2003: 94-105); Übernamen: Nübling/Kunze (2023: 408-460); Kunze (2003: 138-153); zur Familiennamengeographie Nübling/Kunze (2023); Kunze/Nübling (2009-2018); Heuser et al. (Hgg.) (2011); Kunze (2001); Kunze (2003); zu Hugenottennamen Zamorra (1992); Heuser (2011); zu neuen Familiennamen aus außereuropäischen Sprachen vgl. Rodriguez (2011); zu den Familiennamen der Juden Schiff (1917); Bach (1953); Bering (1987, 1996); kurze Zusammenfassungen bei Nübling/Kunze (2023: 81-83); Schützeichel (2002: 76); Kunze (2003: 168-170); vgl. außerdem Guggenheimer/ Guggenheimer (1996); Gold (1996); zum Umgang mit Politikernamen in der Gegenwart Belosevic (2021); Filatkina (2019).

3.8 Zusammenfassung

Familiennamen bilden zusammen mit Rufnamen den Gesamtnamen einer Person. Familiennamen sind im deutschen Sprachraum seit dem 12./13. Jahrhundert zuerst in den Städten entstanden, später wurden sie allgemein üblich und staatlich gefordert. Sie entstanden aus Beinamen nach dem Beruf, nach dem Namen des Vaters, nach der Herkunft, nach der Wohnstätte und nach persönlichen Merkmalen. Zur Vielgestaltigkeit der Familiennamen trugen auch die laut- und wortgeographischen Differenzierungen des zugrunde liegenden Namen- und Wortschatzes bei. Sprachliche Kontaktgebiete und Migrationsschichten führten zur Integration zahlreicher Namen aus verschiedenen Sprachen. Die besondere Bedeutung des Personennamens für das Individuum nutzte der Antisemitismus des 19. und 20. Jahrhunderts für die Stigmatisierung bestimmter Familiennamen als jüdisch.

Aufgabe 10: Informieren Sie sich über die zum Zeitpunkt der Benutzung dieses Buches geltende Rechtslage zu Ehenamen bzw. Familiennamen.

Aufgabe 11: Klären Sie mithilfe eines Familiennamenbuches, inwiefern die Namen *Meyer, Schulz, Hoffmann* zu den Berufsnamen gehören.

Aufgabe 12: Ordnen Sie die Familiennamen des zu Kapitel 1. gesammelten Corpus den fünf Haupttypen der Entstehung zu, und überprüfen Sie die Zuordnung mit einem Familiennamenbuch. Schlagen Sie die vorläufig nicht zuordnungsfähigen Namen im Digitalen Familiennamenbuch Deutschlands nach.

Aufgabe 13: Bearbeiten Sie die bei Aufgabe 12 ermittelten Familiennamen gruppenweise (also Berufsnamen, Rufnamen, usw.) weiter, und versuchen Sie mithilfe der Familiennamenbücher eine etymologische Erklärung.

Aufgabe 14: Versuchen Sie mithilfe des Digitalen Familiennamenwörterbuchs Deutschlands eine Zuordnung der bei Aufgabe 12 ermittelten nichtdeutschsprachigen Namen zu ihren Herkunftssprachen.

Grundbegriffe: Familienname, Spitzname, Deckname, Beiname, Berufsname, Patronym, Metronym, Herkunftsname, Wohnstättenname, Übername, Laut-/Wortgeographie, Familiennamengeographie, Namenstigmatisierung

4. Personengruppennamen

In diesem Kapitel werden die Völkernamen (Ethnonyme) behandelt. Eine besondere Rolle spielen unter den Personengruppennamen die pejorativen exonymen Ethnonyme, die sogenannten Ethnophaulismen, die manchmal von den Beschimpften als sogenannte Geusennamen zu endonymen Ehrennamen umfunktioniert werden. Abschließend wird das Ethnonym *die Deutschen* und das ihm zugrunde liegende Adjektiv *deutsch* historisch erklärt.

4.1 Definition und Terminologie

Unter den Personennamen nehmen die Familiennamen insofern eine Zwischenstellung ein, als sie einerseits zusammen mit dem oder den Rufnamen einen einzelnen Menschen bezeichnen, andererseits aber die Angehörigen der diesen Familiennamen tragenden Familie. Insofern sind Familiennamen auch Personengruppennamen. Für die Bezeichnung größerer Gruppen von Menschen bietet der Wortschatz der Alltagssprache und der wissenschaftlichen Terminologien eine ganze Reihe von Möglichkeiten: *Volk, Völkerschaft, Stamm, Ethnie, Nationalität*, deren Definition von Ethnologen, Soziologen, Historikern und Archäologen diskutiert wird. Ihre Namen werden als Völkernamen oder **Ethnonyme** (von altgriechisch ἔθνος *éthnos*, deutsch 'Volk, Volksstamm') bezeichnet.

Ein Rundblick in Europa zeigt insgesamt einen engen Zusammenhang zwischen Völkernamen, Ländernamen und Sprachennamen. Deshalb muss hier über die Personennamen hinaus auf die geographischen Namen und die Sachnamen ausgegriffen werden. Im Einzelnen sind die Zusammenhänge dieser drei Namenarten jedoch verschieden.

Typ 1: Ländername > Völkername > Sprachenname: *Spanien*
Der deutschen Form des Ländernamens *Spanien* liegt der antike geographische Name *Hispania* zugrunde; die in Spanien lebenden Menschen heißen danach *Spanier*, ihre Sprache S*panisch*, wobei damit eigentlich nur das Kastilische gemeint ist, nicht aber Katalanisch und andere in Spanien gesprochene Sprachen.

Typ 2: Völkername > Sprachenname/Ländername: *Schweden*
Von der deutschen Form des Ethnonyms (*die*) *Schweden* ist die Sprachbezeichnung S*chwedisch* abgeleitet; die Pluralform ist im Dativ zum Ländernamen geworden *bei den Schweden > in Schweden*. Statt des lokativen Dativs werden im Deutschen auch Komposita mit dem Völkernamen als Bestimmungswort gebildet, z.B. *Dänemark, Finnland*. Im Namen *Deutschland* liegt aber nicht derselbe Fall vor, weil hier das Bestimmungswort des Kompositums nicht ein Ethnonym, sondern der Sprachenname *Deutsch* ist; vgl. dazu Abschnitt 4.3.

Wichtig ist der Unterschied zwischen einer von außen gegebenen Fremdbenennung (**Exonym**) und der Selbstbenennung eines Volkes oder einer Ethnie (**Endonym**). Eine Fremdbenennung kann einen

Teilnamen verallgemeinern, so wie im Französischen die Deutschen *les Allemands*, also *Alemannen*, im Finnischen *Saksa*, also *Sachsen* genannt werden. Im Englischen dagegen werden die Deutschen *the Germans* genannt, was eigentlich eine viel weitere Bezeichnung ist. Eine ganz andere Art der Fremdbenennung für die Deutschen zeigen die slawischen Sprachen, z.B. polnisch *Niemcy*, was etymologisch 'die Stummen' bedeutet, also die der eigenen (slawischen) Sprache nicht mächtigen.

4.2 Ethnophaulismen

Einen pragmatisch stark markierten Fall der Völkernamen bilden die **Ethnophaulismen,** das sind Namen, mit denen ethnisch definierte Gruppen abwertend bezeichnet oder beschimpft werden. Der erst in Terminus ist abgeleitet von altgriechisch *éthnos* und altgriechisch φαῦλος phaúlos, 'gering, wertlos'. Ein Ethnophaulismus ist also ein von außen gegebenes (exonymisches) pejoratives Ethnonym. Der **pejorative** Charakter des Namens muss durchaus nicht etymologisch begründet sein. So ist die diskriminierende deutsche Bezeichnung eines Polen als *Polack* etymologisch die neutrale polnische Selbstbezeichnung *polak* 'Pole'. Ebenso ist *Kanake* neutrale Bezeichnung für Südseeinsulaner, Polynesier, die aus polynesisch *kanaka* 'Mensch' entlehnt wurde. Heute hat es daneben umgangssprachlich und abwertend die Bedeutung 'Ausländer, ausländischer Arbeitnehmer, besonders Türke' und wird als Schimpfname gebraucht (DWDS). Zum pejorativen Exonym kann auch ein für typisch gehaltener Rufname werden, so z.B. englisch *Fritz* für Deutsche. Ethnophaulismen sind ein wichtiges Element von Hassrede.

Pejorative Gruppenbezeichnungen kommen auch kleinräumig dialektal häufig als sogenannte **Ortsnecknamen** vor, wofür hier als Beispiel nur der Titel von Depenau (2002) genannt sei: „Von Bloomäuler, Lellebollem und Neckarschleimer. Die Ortsnecknamen in Heidelberg, Mannheim und dem Rhein-Neckar-Kreis".

Wenn die diskriminierte Gruppe das pejorative Exonym zur positiven Selbstbezeichnung umfunktioniert, wird es zum Geusenwort oder (besser) wie im Niederländischen zum **Geusennamen** (*geuzennaam*). „Een **geuzennaam** is een erenaam die men zichzelf geeft juist omdat anderen die als scheld- of spotnaam gebruiken." (nl.wikipedia). „Ein

Geusenname ist ein Ehrenname, den man sich selbst gibt, gerade weil andere ihn als Schimpfnamen oder Spottnamen gebrauchen." (Übersetzung R.B.). Im niederländischen Aufstand gegen den spanischen König Philipp II. (ab 1568) wurden die Aufständischen von spanischer Seite abfällig auf Französisch als *gueux* 'Bettler' bezeichnet, was die Niederländer als *geuz* in ihre Sprache übernahmen und als trotzige Selbstbezeichnung verwendeten (Wikipedia: Geusen und /Achtzigjähriger_Krieg).

4.3 Was ist *deutsch*?

Das Ethnonym *die Deutschen* ist durch Substantivierung des Adjektivs *deutsch* entstanden und wird wie das Adjektiv flektiert: *der/die Deutsche, eine Deutsche/ein Deutscher, die Deutschen*. Auch die Sprachbezeichnung *Deutsch* ist Substantivierung des Adjektivs in der Grundform (z.B. *sie lernt Deutsch*); in Verwendungen mit Artikel tritt auch hier Adjektivflexion auf (z.B. *das Deutsche, die Grammatik des Deutschen*). Für die geographische Bezeichnung ist das Adjektiv Bestimmungswort des Kompositums *Deutschland*, das in einer ganzen Reihe paralleler Bildungen steht (*Finnland, Griechenland, Schottland*).

Bedeutung und Verwendungsweise des Adjektivs *deutsch* beschreibt das DWDS so (20.02.2024):

'Deutschland und seine Bevölkerung betreffend'
'für Deutschland und seine Bevölkerung eigentümlich, charakteristisch'
'in der Sprache der Bevölkerung Deutschlands'

Einmal abgesehen davon, dass in diesen Angaben alle Deutschsprechenden außerhalb Deutschlands ausgeschlossen sind, fällt auf, dass in den Erklärungen mit dem Namen *Deutschland* das zu erklärende Wort *deutsch* enthalten ist und eigentlich keine eigene Bedeutung außer dieser Beziehung gegeben wird. Das Adjektiv *deutsch* ist seiner Funktion nach ein Relationsadjektiv, das heißt, es bezeichnet nicht primär eine Eigenschaft, sondern stellt eine Beziehung her und drückt Zugehörigkeit aus. Diese Funktion wird durch die Wortbildung bestimmt, denn das Wort ist ein -*isch*-Adjektiv wie viele andere Sprachbezeichnungen auch (*englisch, finnisch, irisch* usw.). Das ist an der althochdeutschen Form *diutisk* noch erkennbar, in mittelhochdeutsch *diutsch* [dʏ:tʃ] wegen der Kontraktion zu einer Silbe schon nicht mehr.

Weiteren Aufschluss geben Etymologie und Wortgeschichte dieses Adjektivs. Es ist abgeleitet von ahd. *thiota, thiot* 'Volk, Menge' (AWB), das in mhd. und frnhd. *diet* bis ins 15. Jahrhundert weiterlebt (²DWB). Die Wortbildungsbedeutung des Adjektivs *diutisk* war demnach 'zur *diota*, zum Volk gehörig'. Bei Notker dem Deutschen († 1022), der in der Abtei St. Gallen lateinische Texte für den Klosterunterricht deutsch übersetzte und erklärte, heißt *in diutiskûn* 'auf deutsch, in deutscher Sprache' (AWB).

In etwas älterer Lautform und Graphie ist das Wort als Lehnwort *theodiscus* schon im späten 8. Jahrhundert ins Mittellateinische eingeführt worden und kennzeichnet eine Sprache als Volkssprache. So heißt es beispielsweise in den (lateinischen) fränkischen Reichsannalen im Bericht über den a. 768 in Ingelheim durchgeführten Prozess gegen den bayrischen Herzog Tassilo III. wegen eines schweren Delikts, für das er in Anwesenheit von Franken, Bayern, Langobarden, Sachsen und Vertretern aus allen Provinzen des Karolingerreichs zum Tode verurteilt, von Karl dem Großen aber begnadigt und in ein Kloster verbannt wurde (Annales regni Francorum. MGH) nach der lateinischen Umschreibung des Delikts: *quod theodisca lingua harisliz dicitur*. Das Wort *harisliz*, wörtlich etwa 'Heeresspaltung', ist am Lautstand zweifelsfrei als althochdeutsch erkennbar, es gehört wohl der fränkischen Rechtssprache an. Das Etymologische Wörterbuch des Althochdeutschen (EWA) bietet eine ausführliche Darstellung der Etymologie des Wortes *diota* und der Ableitung *diutisk* mit ausführlichem Referat der kontroversen Forschungsdebatte. Das Basiswort *diota* hat kein Bedeutungselement 'Sprache', das aber sowohl bei mlat. *theodiscus* als auch bei ahd. *diutisk* deutlich ist.

Jarnut (1996) hat anhand von Belegen des frühen 9. Jahrhunderts aus Italien plausibel gezeigt, dass das Sprachadjektiv hier als Bezeichnung von Menschen nordalpiner Herkunft verwendet wird; demnach wäre der Volksname *die Deutschen* als Exonym entstanden. Das erscheint auch deshalb plausibel, weil die Franken, Sachsen, Alamannen und Baiern sich als solche bezeichneten und offenbar bei ihnen selbst noch kein Bedürfnis nach einer übergreifenden Bezeichnung bestand, wohl aber im italienischen Teil des Karolingerreiches.

Erst gegen Ende des 11. Jahrhunderts wird das Wort *diutsch* auch in Deutschland auf Land und Leute bezogen. In dem um 1080 entstandenen frühmittelhochdeutschen 'Annolied' heißt es von Anno (II.), er sei *Ce Kolne* [...] *in der sconistir burge Die in Diutiscemi lande ie wurde* 'in Köln, der schönsten Stadt, die es in dem deutschen Land je gab', Erzbischof geworden (1056-1075) (Graeme Dunphy 2003: 66). An anderer Stelle werden im Text auch *Diutschi man* und *Diutische liuti* genannt (ebenda: 118). Die Wortgeschichte steht im Zusammenhang mit der Entstehung des deutschen Reichs seit der Auflösung des fränkischen Karolingerreichs im späten 9. Jahrhundert, über die eine kontroverse Diskussion der Geschichtswissenschaft und der Germanistik geführt wird; sie wird in dem EWA-Artikel zu *diutisk* dokumentiert. Sprachhistorisch kann man den Befund im Annolied wohl so interpretieren, dass in dieser Zeit ein Bewusstsein der umfassenden sprachlichen Zusammengehörigkeit entstanden ist. Das Reich, nach seinem Selbstverständnis ein römisches, war zu allen Zeiten vielsprachig, insofern es außer germanischen auch romanische und slawische Sprachgebiete umfasste; und das Wort *deutsch* fasste im Mittelalter stets mehrere regionale Ausprägungen des Kontinentalgermanischen zusammen.

Literatur: Bach (1952: 189-206, 304-318); Rübekeil (1996); Debus (2012: 130-132). – Zur Frage des Eigennamencharakters der Sprachennamen weiterführend Harweg (1999a) mit Berücksichtigung der Diskussion; zu Ethnophaulismen und Hassrede Meibauer (2022: 19-34); zum Wort und Namen *deutsch*: Reiffenstein (2003); Haubrichs (2004); Bergmann (2006); zur historischen Debatte über die deutsche Ethnogenese Schneidmüller (2000), jeweils mit weiterführenden Literaturangaben.

4.4 Zusammenfassung

Das Kapitel erläutert den Begriff Ethnonym im Zusammenhang mit Länder- und Sprachenbezeichnungen und unterscheidet exonyme und endonyme Bezeichnungen. Pejorative Exonyme werden unter dem Terminus Ethnophaulismen besprochen, ihre endonymen Übernahmen als Geusennamen bestimmt. Das Ethnonym *die Deutschen* wird historisch von der Sprachbezeichnung *deutsch* abgeleitet und deren Herkunft erklärt.

Aufgabe 15: Sammeln Sie Ethnophaulismen für die *Deutschen*, und klassifizieren Sie sie nach zugrunde liegendem Sprachmaterial und Benennungsmotiv (analog zum Beispiel von engl. *Fritz*).

Aufgabe 16: Sammeln Sie Ortsnecknamen oder vergleichbare Namen für Angehörige bestimmter Schulen oder Anhänger bestimmter Vereine, und beschreiben Sie ihre pragmatischen Eigenschaften.

Grundbegriffe: Ethnonym, Exonym, Endonym, Ethnophaulismus, pejorativ, Ortsnecknamen, Geusenname

5. Siedlungsnamen

Der Oberbegriff der geographischen Namen ist **Ortsname** im weiteren Sinne des Wortes oder **Toponym**. Der Terminus *geographisch* enthält altgriech. Γαῖα (Gaía) 'Erde' und schließt deshalb die Namen anderer Himmelskörper (Astronyme) aus; dazu Hoffmann (1996).

Die Ortsnamen werden traditionell in Siedlungsnamen und Flurnamen eingeteilt. Siedlungen wie Städte, Dörfer, Weiler tragen **Siedlungsnamen** oder Ortsnamen im engeren Sinne des Wortes. Alle anderen geographischen Namen heißen **Flurnamen**. Grundlegend ist hier das Kriterium **besiedelt** (Dorf)/**unbesiedelt** (Flur). In der Forschung hat man aber aus praktischen Gründen die Straßennamen und die Gewässernamen ausgegliedert. Stellen innerhalb von Siedlungen wie Straßen und Plätze tragen Straßennamen (vgl. Kap. 7.), Flüsse und Seen **Gewässernamen** (vgl. Kap. 8.). Unbesiedelte Stellen wie Wälder, Äcker usw. tragen **Flurnamen** (vgl. Kap. 6.). Erhebungen werden mit **Bergnamen** bezeichnet. Ganze Bergzüge tragen **Gebirgsnamen**, größere Gebiete **Landschaftsnamen** und **Ländernamen** (vgl. Kap. 6.6). Das Kriterium der relativen Größe der Namenträger führt zur Unterscheidung von **Makrotoponymie** und **Mikrotoponymie**. Länder-, Landschafts-, Gebirgs- und Siedlungsnamen gehören dann zur Makrotoponymie, Berg-, Flur- und Straßennamen zur Mikrotoponymie. Je nach Forschungsinteresse werden weitere Kriterien wie die Art der Siedlung verwendet und z.B. Burgnamen oder Klosternamen abgegrenzt.

Das vorliegende Kapitel behandelt die **Siedlungsnamen** nach ihren grammatischen Eigenschaften, ihrer Bildungsweise, ihrer historischen Schichtung und ihren politischen Aspekten. Die Darstellung in historischen Namenbüchern wird an einem Beispiel erläutert.

5.1 Grammatische Aspekte der Siedlungsnamen

Siedlungsnamen zeigen eine Reihe **orthographischer Besonderheiten**, die als onymische Signale gewertet werden können. Außer den in Kap. 1.4 genannten Beispielen *Calw, Furth, Brugg, Mölln* usw. sei hier auf die Varianten für das Grundwort *-stadt* in Siedlungsnamen hingewiesen:

Albstadt, Rastatt, Burgstädt, Eichstätt, Allstedt, Althengstett, Amstetten, Hahnstätten

Spezifisch onymisch sind auch <*oe*>, <*ue*>, <*ou*> und <*oi*> als Langvokalschreibungen in *Soest, Kues, Bous* und *Troisdorf*, oder eine Diphthongschreibung <*ui*> in *Duisburg*

Phonologische Besonderheiten sind dagegen selten

Siedlungsnamen werden meist artikellos gebraucht: Man wohnt *in Grafing*, arbeitet *in München*, studiert *in Hamburg*, fährt *nach Mannheim*, stammt *aus Dorsten* usw. Wenn den Siedlungsnamen adjektivische Attribute beigegeben werden, zeigen sie das **Genus Neutrum**: *das römische Köln, das barocke Bamberg*.

Nach der **Bildungsweise** der Siedlungsnamen können Simplizia, Suffixbildungen, Komposita und Syntagmen unterschieden werden:

Simplex:	*Bonn, Mainz, Trier*
Suffixbildung:	*Grafing, Berlin*
Kompositum:	*Augsburg, Nürnberg, Düsseldorf, Rosenheim*
Syntagma:	*Bad Aibling, Sankt Augustin, Neustadt a.d.Aisch, Hessisch Lichtenau, Am Dobrock*

Zusammengesetzte Siedlungsnamen bilden in der Regel keine Gattungseigennamen. Dörfer heißen *Pettstadt*, Großstädte *Düsseldorf.*

Zur Bildung von Siedlungsnamen werden häufig **unterscheidende Zusätze** verwendet, die sich auf die relative Lage (*Hohenmölsen, Tiefenbronn, Hinterzarten*) oder das relative Alter (*Altötting*) beziehen.

5.2 Historische Siedlungsnamenschichten

Von der historischen Existenz von Siedlungen wissen wir durch die **Belege** für ihre Namen in schriftlichen Quellen und gegebenenfalls durch sichtbare oder archäologisch erschlossene Überreste wie z.B. die Porta Nigra in Trier. Sofern es sich bei dem ältesten Beleg nicht explizit um eine Gründungsurkunde handelt, ist davon auszugehen, dass die Siedlung bereits vor ihrer ersten Nennung existierte.

(i) Die ältesten Belege für Siedlungsnamen im heutigen deutschen Sprachgebiet stammen aus **antiken Quellen**:

Antiker Beleg	Etymologie	Heutige Form
Vindobona 2.-4. Jh.	Keltisches Kompositum *vindos* 'licht, hell' und *bona* 'Ort'	*Wien*
Καμβοδουνον *Cambodounon* 1. Jh.	Keltisches Kompositum **cambo* 'krumm' und *dūnon* 'Burg' = 'Burg an der Flusskrümmung [der Iller]'	*Kempten*
stat[ionis] Turicen[sis] a. 185	Keltische Suffixbildung auf *-ikon*, zu einem Flussnamen **Turos* oder einem Personennamen *Tūros*	*Zürich*
Confluentes 2.-4. Jh.	Lateinische Partizipialbildung (*apud*) *confluentes* 'am Zusammenfluss [von Rhein und Mosel]'	*Koblenz*
Augusta a. 186	Lateinische adjektivische Bezeichnung nach dem Namen des Kaisers Augustus *Augusta* 'Augustusstadt'	*Augsburg*

Tabelle 5.1:   Älteste Siedlungsnamen (nach den Artikeln in Niemeyer 2012)

Historische Grundlage dieser Namenschicht ist die Zugehörigkeit der heutigen deutschsprachigen Gebiete links des Rheins und südlich der Donau zu den Provinzen Nieder- und Obergermanien, Rätien und Noricum des Römischen Reichs seit der Zeit des Augustus bis ins 5. Jahrhundert. Rechtsrheinisch und nördlich der Donau dauerte die römische Herrschaft bis zum Limes nicht ganz so lange, hat aber auch Namenspuren hinterlassen. Die keltischen oder lateinischen Namen zeigen germanisch-deutsche Umformungen, Kürzungen oder Erweiterungen (vgl. Greule 2004a).

(ii) Außerhalb des Imperium Romanum setzt die **Siedlungsnamenüberlieferung** im Allgemeinen erst im 7./8. Jahrhundert ein. Früh gegründete Klöster sicherten ihren Grundbesitz durch Aufbewahrung entsprechender Schenkungsurkunden und deren Abschrift in umfangreichen Besitzverzeichnissen. So wurde beispielsweise in der a. 764 gegründeten Reichsabtei Lorsch zwischen Darmstadt und Mannheim der Grundbesitz im sogenannten Lorscher Codex (lat. *Codex Laureshamensis*) vom Ende des 12. Jahrhunderts dokumentiert; er enthält über 3.800 Urkundenabschriften mit Namenbelegen für mehr als 1.000 Orte seit dem 8. Jahrhundert (vgl. Haubrichs 1990). Diese Überlieferung ist auf der Internetseite archivumlaureshamense-digital durch ein Faksimile, eine Edition und eine deutsche Übersetzung sowie ein Ortsverzeichnis erschlossen. Damit lässt sich z.B. für den Ort Ilvesheim bei Mannheim der Erstbeleg *Uluinisheim* [= *Ulvinisheim*] im Jahre 776 ermitteln. Bestimmungswort dieses Kompositums kann der Genitiv eines Personennamens *Ulfini* sein (so bei Niemeyer 2012). Der Name wird aber auch mit dem ebenfalls im Lorscher Codex belegten Bachnamen *Ulvina, Ilbe* in Verbindung gebracht (Probst 2010: 266).

Seit wann die entsprechenden Orte existiert haben, ist onomastisch nicht sicher zu ermitteln. Bestimmte Bildungsweisen lassen sich mit einiger Vorsicht bestimmten **Zeiträumen und Siedlungsperioden** zuordnen. Allerdings können solche Namentypen auch schon vor und auch nach dem zeitlichen Schwerpunkt ihrer Verwendung auftreten und die Verhältnisse sind obendrein in den einzelnen Teilen des deutschen Sprachgebietes unterschiedlich. So werden zum Beispiel Orte mit Namen auf *-heim* und *-ingen* im Allgemeinen germanischer Siedlung zugeordnet, die allerdings in den früher römischen Gebieten erst nach dem Ende der römischen Herrschaft erfolgen konnte. Zur Altersbestimmung von Siedlungen tragen natürlich auch die Archäologie, die Siedlungsgeschichte und Siedlungsgeographie bei. Siedlungsnamen auf *-heim* und *-ingen* werden auch im Frühmittelalter weiter gebildet; neben ihnen kommen solche auf *-hofen, -hausen, -dorf, -stedt/-stadt* usw. auf. In der Zeit des hochmittelalterlichen Landesausbaus bezeichnen die Siedlungsnamen vielfach den Rodungsvorgang als solchen (*-rode/-rade*) oder nach dem Vorgehen (*-brand, -hau*). Namen auf *-scheid* bezeichnen Siedlungen nach einer bestimmten Lage. Neuzeitliche Siedlungsnamen nehmen beispielsweise auf gewerbliche und industrielle Anlagen Bezug. Charakteristisch für Städtegründungen im Zeitalter des Absolutismus sind Fürstennamen als Bestimmungswörter. Für Vereinigungen von Gemeinden im Zusammenhang kommunaler Neuordnungen werden gern auf die Lage bezogene Namen auf *-tal* gewählt, wie z.B. für die 1929 aus Barmen und Elberfeld und einigen weiteren Gemeinden gebildete Stadt Barmen-Elberfeld, die 1930 in *Wuppertal* umbenannt wurde. Vielfach wurden bei solchen Zusammenlegungen auch dauerhafte Doppelnamen gebildet, z.B. *Edingen-Neckarhausen* (1975).

Die folgende Tabelle 5.2 bietet einen knappen Überblick über die **germanisch-deutschen Siedlungsnamenschichten** und eine Auswahl charakteristischer Namentypen. Die Beispiele wurden jeweils in den Einzelartikeln in Niemeyer (2012) geprüft. Es ist nämlich nicht möglich, ohne Weiteres aufgrund einer heutigen Namenform einen Siedlungsnamen historisch einem Typus zuzuordnen. So sieht der Name der elsässischen Stadt *Colmar* zwar wie ein *-mar*-Name aus, ist aber aus einem lateinischen Namen *Columbarium* umgeformt. Jeder einzelne Name muss anhand seiner historischen Belege auf seine Herkunft und Bildungsweise überprüft werden. Erst auf der Basis so gesicherter Daten sind zusammenfassende Darstellungen möglich.

Historische Schicht	Bildungsmittel	Beispiel
Germanisch (bis 5.Jh.): Suffixbildungen	*-ing/-ung* *-ithi/-idi*	*Melsungen* *Bünde* (aus a. 1025 *Biunidi*)
Germanisch (bis 5.Jh.): Komposita	Grundwort *-mar*	*Hadamar*
Frühmittelalterlich (6.-9.Jh.) Suffixbildung	*-ingen* verkürzt *-ing*	*Schöningen/Grafing*
Frühmittelalterlich (6.-9.Jh.) Komposita	Grundwort *-heim* Grundwort *-dorf* Grundwort *-stedt* Grundwort *-hofen* Grundwort *-hausen*	*Ingelheim* *Memmelsdorf* *Helmstedt* *Gerolzhofen* *Gelnhausen*
Hochmittelalterlich (10.-13.Jh.) Komposita: Rodungsnamen	Grundwort *-rode/-reuth/ -rath* Grundwort *-hagen/-hain* Grundwort *-scheid*	*Gernrode, Tirschenreuth, Erkrath* *Langenhagen, Geithain, Remscheid*
Spätmittelalterlich neuzeitlich: gewerblich/industriell Komposita	Grundwort *-mühl(e/en)* Grundwort *-hammer* Grundwort *-hütte*	*Grevesmühlen* *Lauchhammer* *Georgsmarienhütte*
Neuzeitlich: feudalistisch/absolutistisch Komposita	Bestimmungswort dynastischer Personenname	*Friedrichshafen* *Ludwigslust*

Tabelle 5.2: Siedlungsnamenschichten (nach Debus/Schmitz 2004; die Beispiele bei Niemeyer 2012) überprüft)

Zu allen Suffixen und Grundwörtern und vielen weiteren wie *-ach, -au(e), -bach, -berg, -beuren/-beuern/-büren, -bo(r)stel, -brück/-bruck/-brücken, -burg, -by, -eck, -feld, -furt, -grün, -in, -itz, -kirchen, -lage, -lar, -o(w), -schwand/-schwend(i), -tal ,-weil/-wil, -weiler, -wert(h)* hat Debus für das Deutsche Ortsnamenbuch (Niemeyer 2012) kompakte Artikel mit grundlegenden Informationen geliefert.

Varianten wie -rode/-rade, -ingen/-ing, -bruck/-brück beruhen auf den jeweiligen dialektalen Verhältnissen. Sie bilden typische namengeographische Raumbilder. So gilt umgelautetes -brück im Norden, umlautloses -bruck im Süden des deutschen Sprachgebietes, -ingen westlich des Lechs im Alemannischen, verkürztes -ing östlich im Bairischen.

(iii) Zeitlich parallel zur frühmittelalterlichen germanisch-deutschen Siedlung erfolgte seit dem 7. Jahrhundert in den Gebieten östlich von Elbe und Saale, am Oberlauf des Mains und in Gebieten nördlich der Donau **slawische Siedlung**. Die slawischen Siedlungsnamen wurden nach der Eingliederung dieser Gebiete in das mittelalterliche Reich und bei deren deutschen Besiedlung seit dem Hochmittelalter ins Deutsche übernommen, wobei wiederum lautliche und morphologische Umformungen stattfanden.

Ältester Beleg	Etymologie	Heutige Form
11. Jh. *Liubice*	altpolabische Suffixbildung auf -*ici*-/-*ica*- zu einem Personennamen oder Adjektiv	*Lübeck*
a. 1226 *Gustrow(e)*	altpolabischer Flurname * mit -*ov*-*o(w)*- Suffix 'Ort, wo Eidechsen vorkommen'	*Güstrow*
a. 1244 *Berlin*	altpolabische Suffixbildung auf -*in* zu **birl*-/**berl*- 'Sumpf'	*Berlin*
a. 1012/1018 *Libzi*	altsorbische Bildung zu einem Gewässernamenelement **lib*-, dann zu altsorbisch *lipa* 'Linde' umgedeutet	*Leipzig*
a. 1219 *Olsniz*	übertragen vom altsorbischen Gewässernamen **olešnica* 'Erlenbach'	*Oelsnitz/ Erzgebirge*

Tabelle 5.3: Slawische Siedlungsnamen im deutschen Sprachgebiet (nach den Artikeln in Niemeyer 2012; vgl. auch Bily 2019)

(iv) Eine besondere Rolle kommt in der historischen Siedlungsnamenforschung den **Wüstungsnamen** zu. Aufgrund der verschiedensten Ursachen wie Epidemien, Naturkatastrophen, Zerstörung kam es im Laufe der Geschichte immer wieder zur Aufgabe von Siedlungen. Ihre Namenbelege in historischen Quellen lassen sich dann nicht einer heutigen Siedlung zuordnen. Sie sind aber häufig in Flurnamen eingegangen. Wegen ihres Umfangs sind die Wüstungsnamen für die Gewinnung vollständiger Daten über einzelne Siedlungsnamentypen wichtig; vgl. Schuh (1995).

5.3 Namenumformungen und Namenumdeutungen

Bei der Besprechung keltisch-lateinischer und slawischer Siedlungsnamen ist bereits auf Umformungen dieser Namen im späteren Deutschen hingewiesen worden. Im Ergebnis haben diese Umformungen zu einem erstaunlich homogenen Bild der deutschen Siedlungsnamen geführt. So sind von den 12 Namen auf *-ig* in Niemeyer (2012) etymologisch sechs slawisch (*Leipzig, Belzig, Aussig, Danzig, Penig, Zörbig*), fünf keltisch-lateinisch (*Sinzig, Bad Breisig, Bad König, Mendig, Merzig*) und einer germanisch (*Langballig)*. Die über 200 Namen auf *-en* in Niemeyer (2012) (ohne *-ingen, -hausen* usw.) reichen von *Aachen* und *Düren* im Westen bis *Dresden* und *Bautzen* im Osten, von *Emden* und *Verden* im Norden bis *Füssen* und *Leoben* im Süden und sind etymologisch ganz unterschiedlicher Herkunft.

Die Sprecher haben also die Namen bis zu ihrer amtlichen Festlegung lautlich und morphologisch der deutschen Sprache angepasst. Die Umformung von Namen kann soweit gehen, dass sie völlig umgedeutet werden und eine neue semantische Motivation erhalten. Diese schöpferische Tätigkeit der Sprecher wird etwas missverständlich **Volksetymologie** genannt; es handelt sich um eine gegenüber der Etymologie des Namens **sekundäre Motivation**.

Vorgang	Beispiel
Umdeutung eines unverstandenen Bestimmungswortes	*Vrondorf* (zu mhd. *fro* 'Herr') zu *Frauendorf*
Ersatz eines slawischen Personennamens durch ein deutsches Wort	a. 1172 *Uolsenberg* zu *Felsenberg*
Ersatz eines ungebräuchlich gewordenen Personennamens durch einen geläufigeren	a. 1189 *Marczenmos*, a. 1512 *Märtzlmoss* zu *Maxlmoos*
Ersatz eines ungebräuchlich gewordenen Personennamens durch eine prestigeträchtige Vogelbezeichnung	13. Jh. *Adelsperig* zu *Adlerberg*

Tabelle 5.4: Beispiele für volksetymologische Umdeutungen (nach Wiesinger 1995: 466-479

5.4 Historische Siedlungsnamenbücher

Zur Zeit werden in Deutschland zwei großräumige Projekte betrieben. Die Bayerische Akademie der Wissenschaften in München lässt das

Historische Ortsnamenbuch von Bayern erarbeiten, die Niedersächsische Akademie der Wissenschaften zu Göttingen im Rahmen des Projekts „Ortsnamen zwischen Rhein und Elbe ‑ Onomastik im europäischen Raum" das Westfälische Ortsnamenbuch und das Niedersächsische Ortsnamenbuch. Beide Werke stellen jeweils die Siedlungsnamen eines Landkreises in einem Band dar; zum derzeitigen Stand geben die Internetseiten der Akademien Auskunft. In der Schweiz wird nach Kantonen gegliedert an entsprechenden Projekten gearbeitet. Informationen dazu gibt die Internetseite ortsnamen.ch, die vom Schweizerischen Idiotikon betrieben wird. In Österreich erscheint das Werk „Altdeutsches Namenbuch. Die Überlieferung der Ortsnamen in Österreich und Südtirol von den Anfängen bis 1200" im Verlag der Österreichischen Akademie der Wissenschaften.

Artikel in historischen Siedlungsnamenbüchern zeigen im Allgemeinen denselben Aufbau wie in dem folgenden Beispiel (Tabelle 5.5). Manche Werke geben zusätzlich die mundartliche Aussprache des Namens an und beziehen sie in die Interpretation der überlieferten Belege ein. Der Umfang der historischen Belegangaben kann unterschiedlich groß sein; er sollte jedenfalls die Entwicklung von den ältesten Formen zu heutigen nachvollziehbar machen. Die Arbeit an historischen Siedlungsnamenbüchern ist in hohem Maße interdisziplinär. Sie stützt sich auf die Methoden der historischen Quellenkritik, bezieht siedlungsgeographische und siedlungsgeschichtliche Gegebenheiten ein, berücksichtigt die Lokal- und Regionalgeschichte und wendet insbesondere die Methoden der historischen Sprachwissenschaft an.

In Kap. 3.4 ist der Familienname *Kückelhaus* als Herkunftsname aus dem Siedlungsnamen *Kückelhausen* erklärt worden. Zu diesem Siedlungsnamen bietet das Westfälische Ortsnamenbuch folgenden Artikel:

Zitat der einzelnen Artikelteile	Artikelschema laut Flöer (2018: 12), *Kommentar von R.B.*
Kückelhausen (Halver)	Name mit Angabe der Gemeindezugehörigkeit
1486 *Peter to Kuyckellsen* (Timm, Schatzbuch S. 110, Nr. 3167) 1547 *Henrich Koster to Kukelhusen* (Dösseler, Geschichtsquellen 3, S. 202, Anm.) 1606 *tu Kuckelhusen* (Jung, Halver S. 302) 1705 *Kuckelhausen* (Timm, Kataster S. 243 Nr. 4075) [...]	Historische Belegformen des Ortsnamens *Die Belege sind Quelleneditionen entnommen. Die ältesten Belege zeigen den Ortsnamen als Zusatz zu einem Personennamen.*
I. Die von Jung, Halver S. 302 hierher gestellten beiden Belege von vor 1200 sind [...] eher zu Kückelhausen bei Hagen, Stadt Hagen, zu stellen [...] Ein von Jung genannter Beleg von 1143 *Kukelhusen* ist aufgrund des unzureichenden Nachweises nicht zu ermitteln.	I. Quellenkritische Angaben *In der Literatur genannte Belege für den Ortsnamen werden kritisch geprüft. Bei mehrfach vorkommenden Namen ist die Identifizierung des jeweils gemeinten Ortes entscheidend.*
II. Jung, Halver S. 303 referiert eine Deutung Rahmedes, [...]	II . Bisherige Deutungen
III. Bildung mit dem GW *-hūsen*. Das BW *Kückel-* (< as. **kuckil*) ist mit WOB 6 in der Region in weiteren ON enthalten, nämlich außer in Kückelhausen bei Hagen, dessen Erstbeleg das älteste Zeugnis des BW in der Region darstellt, noch in → Kückelheim sowie in zwei weiteren ON Kückelheim im Hochsauerlandkreis (WOB 6 S. 284ff.). [...] Der Umlaut erscheint, wie auch bei den vergleichbaren ON, erst spät in den Schreibungen, wenn nicht 1486 *-uy-* bereits als Versuch zu sehen ist, die Vokalqualität zu kennzeichnen. Ndt. *hūsen* wurde neuzeitlich an nhd. *-hausen* angeglichen. Eine Deutung 'bei den Häusern am (kleinen) Hügel' paßt zur Lage des Orts am Kückelhauser Berg.	III. Eigene Deutung *Der Name wird als Kompositum mit dem Grundwort* -hūsen *(= hausen) bestimmt. Das Bestimmungswort ist ein im Altsächsischen nicht belegtes, Wort* *kuckil *'(kleiner) Hügel'. Der Weg von* kuckil *zu* kückel *wird durch Umlaut erklärt, der Ersatz von niederdeutsch* -hūsen *durch* -hausen *als Angleichung an die neuhochdeutsche Schriftsprache. Die Deutung wird an der realen Lage überprüft.*

Tabelle 5.5: Artikel Kückelhausen (Halver) aus Flöer (2018: 226f.) (gekürzt)

5.5 Exonyme und Namenpolitik

In mehrsprachigen Gebieten sind auch mehrsprachige Siedlungsnamen üblich. So tragen die Siedlungen im Gebiet der sorbischen Minderheit in Deutschland sorbische und deutsche Namen, z.B. *Budyšin* und *Bautzen*. Im seit 1919 zu Italien gehörigen Südtirol haben die Siedlungen seitdem neben ihren deutschen Namen auch italienische, z.B. *Vipiteno* neben *Sterzing*. Von dieser Mehrsprachigkeit zu unterscheiden ist die Verwendung anderssprachiger Namen für Siedlungen in anderen Staaten, sogenannte **Exonyme**. Bedingt durch die Mittellage des deutschen Sprachraums in Europa existieren in den Nachbarsprachen zahlreiche Exonyme für deutsche Städte:

deutsches Endonym	Exonyme
Aachen	niederländ. *Aken*, franz. *Aix-la-Chapelle*, ital. *Aquisgrana*, poln. *Akwizgran*
Köln	engl. *Cologne*, niederländ. *Keulen*, poln. *Kolonia*
München	engl. *Munich*, ital. *Monaco di Baviera*, poln. *Monachium*
Nürnberg	engl. *Nuremberg*, ital. *Norimberga*, tschech. *Norimberk*
Wien	poln. *Widén*, tschech. *Videň*, franz. *Vienne*
Zürich	franz. *Zurich*, ital. *Zurigo*

Tabelle 5.6: Europäische Exonyme für Städte in Deutschland, Österreich und der deutschsprachigen Schweiz

Umgekehrt hat die deutsche Sprache ebenso zahlreiche Exonyme für europäische Städte, vor allem in Nachbarländern:

dt. Exonym	Endonym	dt. Exonym	Endonym
Breslau	poln. *Wrocław*	*Mailand*	ital. *Milano*
Czernowitz oder Tschernowitz	ukrain. *Tscherniwzi*	*Prag*	tschech. *Praha*
Kopenhagen	dän. *København*	*Pressburg*	slowak. *Bratislava*
Laibach	slowen. *Ljubljana*	*Straßburg*	franz. *Strasbourg*
Lemberg	ukrain. *Lwiw*, poln. *Lwów*	*Warschau*	poln. *Warszawa*

Tabelle 5.7: Deutsche Exonyme für europäische Städte

Die historischen Ursachen für diese Exonyme sind sehr verschieden. In vielen Fällen sind Größe und Bedeutung einer Stadt ausreichend für eine entsprechende Bekanntheit in anderen Ländern und den Gebrauch ihres Namens in anderen Sprachen. Ein wichtiger geschichtlicher Faktor ist die Zugehörigkeit vor allem von Gebieten in Italien zum mittelalterlichen Reich, durch die es z.B. zu dem alten Exonym *Mailand* gekommen ist. Exonyme wie *Laibach, Lemberg, Czernowitz* beruhen auf längerer Zugehörigkeit der betreffenden Gebiete zu Österreich in Zeiten der sogenannten Donaumonarchie. Die Kenntnis und Gebräuchlichkeit derartiger Exonyme hängt daher auch von entsprechenden Geschichtskenntnissen ab.

Straßburg gehörte bis 1681 als Reichsstadt zum Heiligen Römischen Reich. Seit der Annexion durch Ludwig XIV. ist die deutsche Namenform Exonym. Nach dem deutsch-französischen Krieg von 1871 wurde Elsaß-Lothringen dem Deutschen Reich angegliedert und *Straßburg* wieder Endonym; nach dem Ersten Weltkrieg wurden die Verhältnisse im Frieden von Versailles 1919 wieder umgedreht und *Straßburg* wieder Exonym. Bis 1945 gehörte Breslau zu Deutschland und besaß eine deutsche und eine polnische Namenform. Seit die Stadt zu Polen gehört, ist die deutsche Form Exonym.

Die letzten Beispiele veranschaulichen den unmittelbaren Einfluss der politischen Geschichte auf Siedlungsnamen. Er kann sich zum Beispiel auch in der Namengebung niederschlagen wie in der Umbenennung von *Chemnitz* in *Karl-Marx-Stadt* im Jahre 1953 und der Rückbenennung nach dem Ende der DDR 1990. Politisch motiviert war auch die Vergabe italienischer Namen an die Städte und Gemeinden in Südtirol nach 1919, die der Italianisierung dienen sollten. Nach 1945 wurde der Gebrauch deutscher Exonyme für Städte in den russisch und polnisch gewordenen Gebieten manchmal als Ausdruck eines Restitutionsanspruchs interpretiert und deshalb vermieden; in der DDR galt dies durchgehend.

5.6   Siedlungsnamen in der Literatur

Literarische Texte brauchen Toponyme, um Räume zu konstituieren. Soweit sie in der realen historischen Welt angesiedelt sind, werden reale Siedlungsnamen verwendet. So spielt Thomas Manns Roman Buddenbrooks in Lübeck. Dagegen existiert *Kaisersaschern*, der Geburtsort des Komponisten Adrian Leverkühn in dem Roman Doktor Faustus, obgleich sehr real deutsch anmutend, nicht außerhalb des Textes, ist also fiktiv.

Manche Autoren haben ganze fiktive Welten entwickelt und entsprechende Siedlungsnamen vergeben; vgl. V. Kohlheim (2013); Nell (2012).

Einführende Literatur: Nübling et al. (2015: 212-222); Debus (2012: 138-191); Koss (2002: 13-37); Bauer (1985: 155-169).

Weiterführende Literatur: Prinz (2021); Kleiber (1996); Greule (2004a); Debus/Schmitz (2004); Bach (1953 und 1954). Niemeyer (2012) (alphabetisches Namenbuch mit ca. 3.000 Namen der Städte und Siedlungen mit über 7.500 Einwohnern); zu inoffiziellen Toponymen Ewald/Pohl (Hgg.) (2024); zur sekundären Motivation Seebold (1995); Vennemann (1999); Bergmann (2002, 2011); zu Exonymen Harweg (1999d); Wochele (2021)

5.7 Zusammenfassung

Das Kapitel gibt zunächst eine Übersicht über die Toponyme insgesamt (Ortsnamen im weiteren Sinne) und behandelt dann die Siedlungsnamen (Ortsnamen im engeren Sinne) nach grammatischen und morphologischen und historisch-etymologischen Aspekten. Die Verwertung der historischen Belege in historischen Ortsnamenbüchern wird an einem Beispiel veranschaulicht. Besondere Beachtung findet die Integration fremder Namen und die schöpferische Tätigkeit der sekundären Motivation (Volksetymologie). Vorkommen und Verwendung von Exonymen werden unter Beachtung der politischen Aspekte veranschaulicht. Ein abschließender Hinweis gilt den literarischen Toponymen.

Aufgabe 17: Ermitteln Sie historische Belege für den Namen ihres Geburts-, Wohn- oder Studienortes, analysieren Sie seine Bildung, und ordnen Sie ihn einer siedlungs- und namengeschichtlichen Schicht zu.
Aufgabe 18: Ermitteln Sie die Etymologie der in Kap. 5.3 genannten Namen auf *-en* in Niemeyer (2012).
Aufgabe 19: Sammeln Sie aus einer Zeitung oder aus einer gesprochenen Nachrichtensendung zehn deutschsprachige Exonyme, und kommentieren Sie ihre Verwendung.
Aufgabe 20: Ordnen Sie das gesammelte Ortsnamenmaterial aus Aufgabe 3 nach den geographischen Einzelkategorien (Städte, Straßen, Flüsse usw.).

Grundbegriffe: Ortsname, Toponym, Siedlungsname, Flurname, Bergname, Gebirgsname, Landschaftsname, Ländername, Unterscheidende Zusätze, keltisch-lateinische Namen, germanisch-deutsche Namen, Slawische Namen, Historische Belege, Wüstungsnamen, Volksetymologie, Sekundäre Motivation, Mehrsprachige Namen, Exonyme, Fiktive Namen

6. Flurnamen und Landschaftsnamen

Das Kapitel führt in die Problematik der Definition ein und behandelt Bildungsweise und Motivation von Flurnamen. Unter historischem Aspekt bieten Flurnamen sprach- und siedlungsgeschichtliche Aufschlüsse. Als Darstellungsformen werden Monographien, landschaftliche Flurnamenbücher und Datenbanken vorgestellt. Auf weitere außerörtliche Namen für Berge und Gebirge, Landschaften und Länder wird kurz eingegangen.

6.1 Zum Begriff **Flurname**

Innerhalb der Toponyme bilden die Flurnamen eine schwer befriedigend zu definierende Kategorie (vgl. Kap. 5.). Wenn man sie nur den Siedlungsnamen gegenüberstellt, bilden „die Bezeichnungen für alle nicht bewohnten Örtlichkeiten" (Tyroller 1996b: 1434) eine sehr umfangreiche und heterogene Gruppe, weshalb gewöhnlich einzelne Namenarten ausgegliedert werden, so vor allem die **Gewässernamen** (vgl. dazu Kap. 8.). Wenn man die Flurnamen als Mikrotoponyme bezeichnet, so sollten die **Straßennamen** dazugehören, wobei das Kriterium besiedelt/unbesiedelt aufgehoben wird. Deshalb werden die Straßennamen inzwischen ebenfalls für sich behandelt (vgl. dazu Kap. 7.). Als Flurnamen bleiben dann die Namen von Feldern und Wäldern, von einzelnen Stellen im Gelände, von Erhebungen und Vertiefungen usw. Das Merkmal der relativen Größe (**Mikro-/Makrotoponymie**) wird dabei schnell fragwürdig, wenn man an Namen von einzelnen Wäldern, ganzen Forsten und Waldgebirgen oder von einzelnen Bergen, Bergketten und Gebirgen denkt. Ein einzelner Waldname wie *der Hohe Buchene Wald* und ein einzelner Bergname wie *die Zugspitze* kann als Flurname bestimmt werden. Das größere Waldgebiet *Ebracher Forst* im Steigerwald und die Bergkette *Wettersteingebirge* in den Alpen tragen Landschaftsnamen. Auch die mit **Landschaftsnamen** bezeichneten Räume können verschieden groß sein.

6.2 Bildungsweise

Flurnamen sind Simplizia oder Wortbildungen wie Derivation und Komposition. Dabei werden häufig fertige appellativische Wortbildungen übernommen, so dass nicht immer zwischen **appellativischer Wortbildung** und der eigentlichen **Namenbildung** unterschieden werden kann.

Bildungstyp	Beispiele
Simplizia	*Buck, Bühl, Gries, Zeil*
Suffixbildungen	*Staudach, Tannicht, Hauet, Beund(e)*
Komposita	*Brunnloh, Holzfeld, Mooswiese, Sandacker*

Tabelle 6.1 Bildungsweise von Flurnamen (einschließlich der Beispiele nach Tyroller 1996a: 1430-1433)

6.3 Benennungsmotive

Motiv	Beispiel
Naturnamen: Gestalt des Geländes	
Allgemeine Gestalt	*Breites Land, Winkel, Eck*
Lage	*Oster-, Wester-, Hölle* (für tiefe, abgelegene oder düstere Örtlichkeiten)
Geländeform	*Plattach, Tafelacker, Kaule, Delle, Wanne, Bühl, Buck, Rücken*
Bodenbeschaffenheit	*Letten, Gries, Sand*
Bodenbedeckung	*Wald, Holz, Jungholz, Bachwiese*
Tierwelt	*Wolfsleite, Hirscheneck, Fuchsberg*
Kulturnamen: Nutzung und Bebauung	
Rodung	*Reut, Rode, Geseng, Brand, Bruch, Neubruch*
Nutzung	*Weide, Kuhtrift, Hanfland, Hopfengarten, Wingert, Hau, Schlag, Kalkgrube*
Gewerbe	*Kohlstatt, Ziegelanger*
Auf Personen bezogen	*Kiliansrauth, Heinleinsgarten, Färbergraben*
Technik und Verkehr	*Am Wehr, Am Bahndamm, Straßfeld*

Tabelle 6.2: Benennungsmotive von Flurnamen aus Tyroller (1996b: 1434-1441)

Die Flurnamen spiegeln in sehr differenzierter Weise die menschliche Wahrnehmung und Nutzung der Landschaft. Dabei wird eine grundlegende Unterscheidung von Naturnamen und Kulturnamen getroffen. **Naturnamen** beziehen sich auf die natürlichen Gegebenheiten der Landschaft, **Kulturnamen** auf vom Menschen stammende Gegebenheiten. Eine ausführliche und allgemein akzeptierte Untergliederung hat Dittmaier (1963) auf der Basis von Bach (1953: §286-406) entwickelt; sie wird bei Kleiber (2004: 3524) wiedergegeben und liegt auch Tyroller (1996b) zugrunde. In der Tabelle 6.2. wird eine reduzierte Zusammenfassung gegeben.

6.4   Sprach- und siedlungsgeschichtliche Aufschlüsse

Wie die Siedlungsnamen enthalten auch die Flurnamen **vorgermanische** bzw. **vordeutsche Elemente**, im Westen und Südwesten des deutschen Sprachgebietes **galloromanische**, östlich von Elbe und Saale **slawische**. Mit Hilfe von Flurnamen wie z.B. *Gott(e)* Fem. 'Rinnsal, kleiner Bachlauf' aus lat.-roman. *gutta* 'Tropfen' konnte an der Mosel zwischen Trier und Koblenz eine wohl bis ins 12. Jahrhundert existierende romanische Sprachinsel nachgewiesen werden, die **Mosella Romana** genannt worden ist. In den Gebieten im Osten dauerte der sprachliche Germanisierungsprozess bei den slawischen Flurnamen teilweise bis ins 18. Jahrhundert. (vgl. Kleiber 2004; Hengst 2011). Siedlungsgeschichtlich aufschlussreich sind die Flurnamen, die **Wüstungsnamen** enthalten; vgl. Kap. 5.2; Eichler et al. (Hgg.) (1996, Nr. 224, 265).

6.5   Flurnamensammlungen und Flurnamendarstellungen

Flurnamen sind in der Regel lokal gesammelt und regional archiviert worden. So befindet sich das Württembergische Flurnamenarchiv im Landesmuseum Württemberg in Stuttgart. An vielen Orten sind die Archive inzwischen digital erschlossen; hier eine Auswahl von Projekten:

> Digitales Flurnamenlexikon (DFL) Institut für Geschichtliche Landeskunde Rheinland-Pfalz e.V. Mainz
> Südhessisches Flurnamenbuch
> Datenbank der hessischen Flurnamen. Landesgeschichtliches Informationssystem Hessen (LAGIS). Hessisches Institut für Landesgeschichte Marburg
> Thüringisches Flurnamenarchiv an der Friedrich-Schiller-Universität Jena
> Flurnamen Südtirols online - Ortsnamen.ch

Klassische Formen der Auswertung und Darstellung sind die regionale Zusammenfassung, vor allem als Flurnamenatlas, und die vollständige Erfassung und Darstellung der gesamten Flurnamen einer Gemeinde. Das Mannheimer Flurnamenlexikon (Probst 2010) dokumentiert die Flurnamen für alle Gemarkungen mit historischen Belegen, bestimmt ihre Lage und erklärt die Namen. Ein systematischer Teil erschließt die Benennungsmotive und ordnet das Namenmaterial historisch-etymologischen Schichten zu. Heinrich Dittmaiers "Rheinische Flurnamen" (1963) wertet die im Rheinischen Flurnamenarchiv (Bonn) für das Gebiet der früheren preußischen Rheinprovinz (Eckpunkte Saarbrücken, Aachen, Kleve, Essen, Siegen) gesammelten Flurnamen aus. Die häufiger vorkommenden Namen werden in ihrer dialektalen Verbreitung beschrieben und unter Verwendung historischer Belege erklärt. Auch hier erklärt ein systematischer Teil die Benennungsmotive.

6.6 Landschaftsnamen, Ländernamen

In Kapitel 4. war im Zusammenhang mit Völkernamen schon kurz auf Ländernamen einzugehen, die innerhalb der Makrotoponymie zu den **Raumnamen** gehören. Es wird unterschieden zwischen **Staatennamen, Ländernamen, Landschaftsnamen**. Dabei ist der Begriff Landschaftsname ebenso vieldeutig wie der Begriff Landschaft. In einem engeren Sinn wird darunter ein geographischer Raum im Umkreis einer Tagesreise verstanden, freilich in einer Zeit vor der Motorisierung. Dementsprechend gibt es eine große Zahl von Landschaftsnamen für kleinere Räume wie *Markgräfler Land, Kraichgau, Rheingau, Bergisches Land, Sauerland, Dithmarschen, Vogtland, Eichsfeld, Pfaffenwinkel, Chiemgau* usw. Die Beispiele können auch die verschiedenen Bildungsweisen und die häufigsten Grundwörter von Komposita veranschaulichen. Auch die verschiedenen Benennungsmotive sind zum Teil an den Beispielen ablesbar, so der Bezug auf Gewässer (*Rheingau, Chiemgau*), auf Herrschaftsverhältnisse (*Markgräfler Land, Bergisches Land* nach dem Herzogtum *Berg*). Je nach dem **Prestige** eines Namens ist eine Tendenz zur räumlichen Ausweitung seiner Geltung zu beobachten, die dann zu weiterer Differenzierung durch **unterscheidende Zusätze** führt, so dass heute das *Allgäu* in *Ost-, West-* und *Oberallgäu* gegliedert wird.

Neben diesen historisch gewachsenen Raumnamen stehen die **administrativ festgelegten Namen** der Staaten, der Bundesländer in Deutschland und Österreich und der Kantone in der Schweiz, die Namen der deutschen Regierungsbezirke und Landkreise und der österreichischen Bezirke, die sich mit den historischen Landschaftsnamen vielfältig überschneiden.

Einführende Literatur: Nübling et al. (2015: 206-212, 236-243); Debus (2012: 138-191); Koß (2002: 147-165).

Weiterführende Literatur: Bach (1952/53); Tyroller (1996a, 1996b); Kleiber (2004: besonders zur begrifflichen Problematik). Debus/Schmitz (2004: 3506-3508); Eichler et al. (Hgg.) (1996: Nr. 205).

6.7. Zusammenfassung

Das Kapitel behandelt die nach Ausgliederung der Siedlungs-, Straßen- und Gewässernamen verbleibenden geographischen Namen, die als Flur- und Landschaftsnamen zusammengefasst werden. Bildungsweise und Benennungsmotivik werden erläutert und die sprachhistorische Bedeutung der Flurnamen veranschaulicht, sowie Darstellungsformen und Organisation der Flurnamenforschung gezeigt.

Aufgabe 21: Sammeln Sie in Ihrem geographischen Umfeld zehn Flurnamen, und analysieren Sie ihre Bildungsweise und die Benennungsmotive.
Aufgabe 22: Analysieren Sie fünf der in Kap. 6.6 genannten Landschaftsnamen nach Bildungsweise und Bennungsmotiv, und prüfen Sie die geographische Abgrenzung.

Grundbegriffe: Mikrotoponymie, Makrotoponymie, Flurname, Naturname, Kulturname, Raumname, Landschaftsname, Namenprestige, unterscheidende Zusätze, Ländername, Staatenname

7. Straßennamen

Innerhalb der geographischen Namen wird in diesem Kapitel für die Namen von Straßen und Plätzen in Siedlungen der Begriff Straßenname definiert. Die im Mittelalter im mündlichen Gebrauch entstandenen, „gewachsenen" Namen werden in der Neuzeit durch administrativ verfügte Namen ergänzt und abgelöst. Den Straßennamen wird dabei oft eine Gedächtnisfunktion für historische Ereignisse und Persönlichkeiten mitgegeben, die ihrerseits historisch gebunden ist und unter neuen Umständen durch Umbenennung aufgehoben wird.

7.1 Definition, Funktion und Einteilung

Als **Straßennamen** werden Namen für Verkehrswege und -flächen aller Art (Straßen, Gassen, Treppen, Plätze usw.) innerhalb von Siedlungen bezeichnet. Straßennamen dienen zunächst der Orientierung und haben darüber hinaus Erinnerungsfunktion:

„StraßenN halten Merkmale der örtlichen Binnenstruktur fest, wie sie von den Menschen geschaffen bzw. von ihrem Standpunkt bei der Namenschöpfung gesehen wurde. [...]."
StraßenN kennzeichnen durch ihre Bestimmungs- oder Grundwörter bzw. als präpositionale Bildungen die aus menschlicher Sicht als (be)nennenswert erachtete Siedlungstopographie [...].
StraßenN übermitteln im weitesten Sinne soziokulturelle Tatbestände und Entwicklungen, welche die Situation am Ort ebenso spiegeln können wie sie auf regionale oder geographisch ferne, überregionale Verhältnisse und Vorgänge verweisen." (Fuchshuber-Weiß 1996: 1469).

Morphologisch lassen sich Simplizia, Komposita und syntaktische Konstruktionen unterscheiden:

Bildungstyp	Beispiele
Simplizia	*Graben* (Wien), *Planken* (Mannheim)
Komposita	*Reeperbahn, Jungfernstieg* (Hamburg), *Naschmarkt* (Wien), *Limmatquai* (Zürich)
Syntaktische Konstruktionen	*Alter Markt* (Köln), *Unter den Linden* (Berlin)

Tabelle 7.1   Bildungsweise von Straßennamen

Komposita sind häufig Gattungseigennamen, insofern die Grundwörter wie *-straße, -gasse, -platz* in ihrer appellativischen Bedeutung verwendet werden. Dasselbe gilt für Konstruktionen, in denen solche Appellative den Kopf einer syntaktischen Konstruktion bilden: *Straße des 17. Juni*.

In historischer Sicht unterscheidet man „gewachsene" oder „volkstümliche" Straßennamen von administrativ vergebenen. Außer Verkehrswegen und Plätzen können auch Häuser, insbesondere Gasthäuser, Apotheken, Brunnen, Kirchen u.a. Namen tragen, womit ein Übergang von geographischen Namen zu Sachnamen gegeben ist; vgl. dazu Kap. 9.

7.2   „Gewachsene" Namensysteme

Die im Mittelalter in der Interaktion der Sprecher entstandenen Straßennamen lebten in der volkssprachigen Mündlichkeit, waren den Appellativa nahe, bezogen sich auf sichtbare Referenten, auch auf singuläre Phänomene, hatten daher eine „sinnliche Evidenz von Namenmotivation und -bildung" und boten ein „alltagsgesättigtes Bild" (Glasner 2011: 62, 64). Die häufigsten Benennungsmotive mittelalterlicher Straßennamen sind:

> Nächstgelegener oder weiter entfernter Zielpunkt
> im Bezugsbereich stattfindende Gewerbe- oder Erwerbstätigkeit
> Beschaffenheit der Straße (Ausdehnung, Form, Lage, Untergrund)
> Besonderheiten des Geländes, auch der angrenzenden Flur
> Nutzung des Geländes
> nennenswertes Gebäude im Bezugsbereich [...] (Kirche, Spital, Rathaus, Badstube, Brauhaus, Gasthaus, etc.)
> auffälliges Hauszeichen, dort lebende, sozial herausragende Familie
> älterer ÖrtlichkeitsN (HausN, StadtviertelN, FlurN)
> eine im Bezugsbereich zusammenwohnende soziale Gruppe (Gerber, Herren = Stadtpatrizier, Juden [...])

Tabelle 7.2: Benennungsmotive (aus: Fuchshuber-Weiß 1996: 1470)

Quantitativ spielt dabei die Gewerbetätigkeit die bedeutendste Rolle. Für Köln fasst Glasner (2011: 64f.) den Befund folgendermaßen zusammen:

> „Mit 39% aller ‚Neubezeichnungen' allem voran ist es im Spätmittelalter die Stadtwirtschaft mit ihren Webern, Walkern und Tuchscherern der Textilproduktion, der Metallverarbeitung der Bleigießer, Schmiede, Glocken- und Topfgießer, Kupfer-, Kessel- und Pfannenschleger, der Rüstungsherstellung der Helmschläger, Speer- und Sporenmacher, den Ledermachern und Fleischhändlern, deren Anwohnerschaft alten Gassen ‚neue' Bezeichnungen gab."

Die in der Mündlichkeit lebenden Straßennamen gelangten in rechtlichen Zusammenhängen in die Schriftlichkeit, wenn Verkauf und Kauf, Tausch oder Stiftung von Immobilien beurkundet wurde. Wo die Schrift-lichkeit anfangs noch lateinisch war, wurden Straßennamen auch latini-siert, sonst in der lokalen bzw. regionalen Sprachform notiert: So lauten die ältesten Belege für den früher *Heumarkt* genannten Teil des heutigen Liebfrauenplatzes in Mainz (Heuser 2008: 256f.):

> *de foro feni* (um 1300) [lat. *forum* 'Markt', *fenum* 'Heu']
> *in loco dicitur* [= an dem Ort, genannt] *of dem hauwemarth* (1328)
> *uff dem hawemart* (1328)

Die alten, gewachsenen Namensysteme wurden in der Neuzeit teilweise administrativ ersetzt, wie in dem eben zitierten Fall durch Beschluss der Stadtverordnetenversammlung von 1856. Manche mittelalterlichen Namen wurden in der Neuzeit unverständlich und volksetymologisch umgebildet, so der seit 1231 belegte *Dietmarkt* in Mainz, dessen Bestimmungswort mhd. *diet* 'Volk, Leute' schon im 15. Jahrhundert in *Dieb* umgedeutet wurde (Heuser 2008: 164f.). In vielen Städten blieben aber auch die mittelalterlichen Namen in großem Umfang bis heute existent und bleiben für die Forschung lesbar als Spuren des Ortsgedächtnisses.

7.3   Administrativ festgelegte Namen und Namensysteme

Seitdem im Spätmittelalter und vor allem in der frühen Neuzeit Städte planmäßig erweitert, umgestaltet oder neu angelegt wurden, sind auch Straßennamen Gegenstand administrativen Handelns geworden. Die in der alltäglichen Lebenspraxis zum Zwecke innerörtlicher Orientierung entstandenen Namen wurden umgestaltet, ersetzt und ergänzt durch rational geplante Namen, die außer der Orientierung auch dem Zweck der Repräsentation und im weitesten Sinne der Ideologie dienten. Das wird vor allem im Zeitalter des Absolutismus deutlich, als nicht nur dynastische Siedlungsnamen wie z.B. *Karlsruhe* vergeben wurden (vgl. Kap. 5.2), sondern in den oft neu angelegten Siedlungen auch entsprechende, das Herrschaftssystem repräsentierende Straßennamen. Insgesamt werden die Straßennamen vor allem im 19. Jahrhundert mit der rühmenden Erinnerung an Ereignisse und Persönlichkeiten zu Gedächtnisorten. So spiegeln etwa die Dichter- und Komponistenviertel im 19. Jahrhundert die literatur- und musikgeschichtliche bürgerliche Bildung dieser Zeit. Mit dem Titel „Vom Ortsgedächtnis zum Gedächtnisort" hat Glasner (2001) den Unterschied der Straßennamen zwischen Mittelalter und Neuzeit auf den Punkt gebracht.

Die Funktion der innerörtlichen Orientierung konnten solche Straßennamen nur leisten, solange ihre Benutzer mit der hinter der Vergabe stehenden Ideologie vertraut waren. So reflektiert die Benennung der einzelnen Abschnitte des in den 1880er Jahren angelegten Kölner Rings vom *Ubierring* über *Karolinger-, Sachsen-, Salier-, Hohenstaufen-* und *Habsburgerring* bis zum *Kaiser-Wilhelm-* und *Hansaring* das nationale Geschichtsbild des 19. Jahrhunderts (Steger 1996: 1506f.). „Für den Alltagsmenschen ist es als Orientierungshilfe im realen Straßennamengeflecht bei der Unterschiedlichkeit der Benutzer und ihres jeweiligen Wissens nur bedingt hilfreich" (Steger 1996: 1507). Allenfalls mögen die Namenviertel einer gewissen Identitätsstiftung im Viertel helfen, was aber mit der Funktion von Straßennamen nichts zu tun hat.

Der Rationalismus der Neuzeit hat aber auch innerörtliche Benennungssysteme hervorgebracht, die eine sehr hohe Orientierungsleistung erbringen, wie das in mehreren Schritten entstandene Mannheimer Quadratesystem (dazu Steger 1996). In der Mannheimer Innenstadt tragen nicht die Straßen, sondern die Häuserblocks Namen. Sie bestehen aus dem Buchstaben, der die Reihe der Blocks und der Zahl, die den einzelnen Block bezeichnet. Ausgangspunkt des Systems ist (in der Tradition des Absolutismus) das ehemalige Schloss, heute die Universität, von wo aus die *Breite Straße* (amtlich *Kurpfalzstraße*) nordöstlich zum Neckar führt und die Innenstadt in eine nordwestliche und eine südöstliche Hälfte teilt. Vom Schloss aus betrachtet tragen die linken Blockreihen die Bezeichnungen *A* bis K, die rechten die Bezeichnungen *L* bis *U*. In den einzelnen Reihen sind die Blocks von der zentralen Achse der Kurpfalzstraße aus nach links bzw. rechts von *1* an fortlaufend nummeriert. Die Blocks *A 1* und *L 1* liegen also dem Schloss am nächsten. In der Orientierungsleistung ist das System ganz sicher: Auf Reihe *P* folgt in nordöstlicher Richtung Reihe *Q*, auf Block *Q 6* in südöstlicher Richtung *Q 7* usw.

7.4 Ideologische Belastung und Umbenennungen

Die starke ideologische Aufladung von Straßennamen als Gedächtnisorte für nationale Helden und Heldentaten, große Dichter, Maler, Komponisten, Wissenschaftler usw. führt nach politischen Umbrüchen geradezu zwangsläufig zu kritischer Hinterfragung der betreffenden Namen. Besonders sichtbar ist das Verfahren autoritärer oder diktatorischer Systeme, die auch den Straßennamen ihren ideologischen Stempel aufprägen, indem sie nach ihrer Machtübernahme oder -durchsetzung Umbenennungen vornehmen, die nach ihrem Sturz dann regelmäßig wiederum ersetzt werden. So bekamen viele deutsche Städte ab 1933 ihre *Adolf-Hitler-Straße*, die 1945 sämtlich umbenannt wurden; vgl. z.B. Werner (2008) für Köln. Vergleichbar sind Umbenennungen von DDR-Straßennamen nach der deutschen Wiedervereinigung 1990 (Fuchshuber-Weiß 1996: 1473; Kühn 2001).

Neben solchen in ihrer ideologischen Prägung leicht erkennbaren Namen stehen zahlreiche andere, die erst bei genauerer Analyse zum Problem werden können. Jede historische Persönlichkeit, nach der eine Straße benannt ist, kann auf ihr Leben und Werk in Frage gestellt werden. Die Straßennamenvergabe nach einer Persönlichkeit beinhaltet immer eine positive Wertung und diese Wertung ist ihrerseits historisch bedingt.

Straßennamen sind auch im Zusammenhang der **Kolonialtoponomastik** in den Blick genommen worden. So hat Ebert (2021) korpusgestützt „Benennungspraktiken im Kontext kolonialer Raumaneignung" in deutschen Großstädten von 1884 bis 1945 untersucht und die ideologische Fundierung im jeweiligen kolonialen Diskurs von Kaiserreich, Weimarer Republik und NS-Zeit aufgezeigt. Ein typisches Muster sind die kolonialen „Helden" gewidmeten Straßen, wie beispielsweise in Mannheim-Rheinau *Leutweinstraße, Gustav-Nachtigal-Straße, Lüderitzstraße, Wißmannstraße* und *Karl-Peters-Straße*, die in einem nach 1933 bebauten Gebiet ein Namencluster bilden. Inzwischen hat die Stadt Mannheim eine Bürgerbeteiligung an der Umbenennung des Viertels eingeleitet.

Der Wunsch nach einer Vermeidung ideologischer Fallstricke hat in der zweiten Hälfte des 20. und zu Beginn des 21. Jahrhunderts zur Verwendung von Vogel-, Blumen- oder Baumbezeichnungen in den Straßennamen von Neubauvierteln geführt. So gibt es etwa in Niederpleis bei Siegburg einen *Kiefernweg, Eichenweg* usw. Sie stellen über die Clusterbildung hinaus keine Hilfe bei der innerörtlichen Orientierung dar.

Einführende Literatur: Fuchshuber-Weiß (1996); Koß (2002: 147-165); Nübling et al. (2015: 244-257).

Weiterführende Literatur: Bering (2001); Glasner (2001, 2002a, 2002b, 2011); Heuser (2008); Werner (2008); Schulz/Ebert (2016); Ebert (2021); Kroiß (2023); zu inoffiziellen Straßennamen Ewald/Pohl (Hgg.) (2024); vgl. auch Eichler et al. (Hgg.) (1996, Nr. 245, 246, 248).

7.5 Zusammenfassung

Straßennamen dienen der innerörtlichen Orientierung und entstehen in den mittelalterlichen Städten im mündlichen Gebrauch in der alltäglichen Sicht auf die Realität der Gebäude, Einrichtungen, Gewerbe und Topographie; sie spiegeln so das Ortsgedächtnis. In der Neuzeit werden Straßennamen administrativ gesetzt und dienen oft in der Beziehung auf historische Ereignisse und Persönlichkeiten als Gedächtnisort. Die zugrunde liegende positive Bewertung kann sich ändern, was zu Umbennungen führen kann.

Aufgabe 23: Ermitteln Sie Straßennamen einer Altstadt, die auf mittelalterliche Gegebenheiten verweisen, und klassifizieren Sie sie im Hinblick auf die in Kap. 7.2 aufgeführten Benennungsmotive.

Aufgabe 24: Ermitteln Sie durch gleichartige Motivation gebildete Namencluster (z.B. Komponistenviertel o.a.), und versuchen Sie eine Einschätzung der heutigen Stärke der Motivation.

Aufgabe 25: Informieren Sie sich über aktuelle Umbenennungsdebatten.

Grundbegriffe: Straßennamen, Gewachsene und administrative Namensysteme, Ortsgedächtnis, Gedächtnisort, Umbenennung, Kolonialtoponomastik

8. Gewässernamen

Das Kapitel behandelt Bildungsweise und Benennungsmotive der Gewässernamen und beschreibt ihre historische Schichtung im deutschen Sprachraum. Besondere Aufmerksamkeit gilt der alteuropäischen Hydronymie als ältester Schicht.

Zum Verständnis des Folgenden ist sprachhistorisches Wissen erforderlich. Die Sprachen Deutsch, Englisch, Niederländisch, Friesisch, Dänisch, Schwedisch, Norwegisch, Isländisch u.a. werden als **germanische Sprachen** bezeichnet, weil ihre Grammatik und ihr Wortschatz sich auf eine gemeinsame rekonstruierte Ausgangssprache zurückführen lassen, die als Urgermanisch bezeichnet wird. Neben der germanischen Sprachgruppe existieren in Europa die keltische, die romanische, slawische und baltische Sprachgruppe.

Sprachgruppe	Zugehörige Sprachen
Germanisch	Deutsch, Englisch, Niederländisch, Luxemburgisch, Friesisch, Dänisch, Schwedisch, Norwegisch, Isländisch u.a.
Keltisch	Irisch, Bretonisch, Walisisch u.a.
Romanisch (aus dem Lateinischen)	Portugiesisch, Spanisch, Katalanisch, Französisch, Provenzalisch, Italienisch, Rumänisch u.a.
Slawisch	Polnisch, Sorbisch, Tschechisch, Slowakisch, Slowenisch, Serbokroatisch, Bulgarisch, Ukrainisch, Russisch u.a.
Baltisch	Lettisch, Litauisch u.a.

Tabelle 8.1: Europäische Sprachgruppen

Nach derselben historisch-vergleichenden Methode haben sich diese Sprachgruppen zusammen mit Griechisch, Albanisch, Armenisch, Persisch, Kurdisch und indoarischen Sprachen wie Hindi als zusammengehörig erwiesen. Sie bilden die indoeuropäische (oder auch: indogermanische) **Sprachfamilie**. In Europa gibt es neben diesen Sprachen noch Sprachen der finnougrischen Sprachfamilie (Finnisch, Estnisch, Ungarisch), das zu den Turksprachen gehörige Türkisch und das keiner Sprachfamilie zuweisbare Baskisch.

8.1 Definition, Bildungsweise und Benennungsmotive

Als **Gewässernamen** (**Hydronyme**, von altgriech. ὕδωρ, hydōr 'Wasser', in Wortbildungen: hydro-) werden die Benennungen stehender und fließender, natürlicher und künstlicher Gewässer wie Bäche, Flüsse, Ströme, Kanäle, Gräben, Teiche, Seen usw. zusammengefasst.

Ihre **Bildungsweise** entspricht der anderer geographischer Namen: Es gibt in der heutigen Form Simplizia wie *Rhein, Ems, Lahn, Sieg, Saar* usw., die historisch aus Suffixbildungen entstanden sein können, Namen, die wie Suffixbildungen aussehen, auch wenn wir gegenwartssprachlich die Suffixe nicht identifizieren können, wie *Weser, Diemel, Pegnitz* und vor allem Komposita, die meist Gattungseigennamen sind wie die sehr zahlreichen *-bach*-Namen sowie Namen auf *-graben, -see, -kanal* usw.

Ein wichtiges Grundwort von Komposita ist ahd. *aha* (st. Fem.) 'Wasser, Wasserlauf, Fluss' (AWB), das Namen wie *Ebrach, Aurach, Rodach, Fulda* zugrunde liegt, aber auch als Simplex (*Radolfzeller*) *Aach* vorkommt und heute als onymisch gelten kann. Regional begrenzte Grundwörter in Formen mit und ohne 2. Lautverschiebung sind z.B. *-apa/-affa* (*Ennepe, Aschaff*). Komposita können auch sekundär entstanden sein, z.B. *Altmühl* als Umdeutung eines wohl keltischen Namens *Alcmuna* (Greule 2014: 34) oder *Ulpebach* als Verdeutlichung eines *-apa*-Namens (ursprünglich wohl **Ulapa*) (Greule 2014: 554).

Gattungseigennamen sind in Hinsicht auf ihr Grundwort transparent und behalten dessen **Genus**: *der Reichenbach, der Zürichsee, die Aurach*. Das Genus der intransparenten Flussnamen lässt sich nur aus der etymologischen Rekonstruktion der ursprünglichen Flexionsklassen erklären. So wird der Name *Rhein* (Mask.) über belegtes ahd. *rīn* auf germ. **reinaz* zurückgeführt, aus dem in Verbindung mit lat. *Rhenus* ein indoeuropäisches Maskulinum auf *-os* erschlossen wird (Greule 2014: 435). Die Namen der Fränkischen und der Thüringischen *Saale* sind Feminina aufgrund der ursprünglichen indoeuropäischen Zugehörigkeit zur *-ā*-Deklination.

Zahlreiche Namen, vor allem die Simplizia, sind heute opak, ihre **Benennungsmotive** können nur etymologisch erschlossen werden. So wird der Name *Rhein* auf ein voreinzelsprachlich-indoeuropäisches Wort *reinos in der Bedeutung 'wallender, wirbelnder (Fluss)' zurückgeführt. Die Motivation dieser Benennung wird am Oberlauf, vielleicht am Rheinfall bei Schaffhausen vermutet (Greule 2014: 435). Die wichtigsten Benennungsmotive sind nach Greule:

Benennungsmotive		Beispiele
Primäre: Gewässer und seine Eigenschaften	1. Appellativ 'Wasser'	*Ache*
	2. Farbe	*Schwarzach, Weißbach*
	3. Bewegung	*Isar* 'die sich schnell bewegende' (vgl. weiter unten)
	4. Menge	*Reichenbach, Hungerbach*
	5. Bachbett, Ufer	*Breitenbach, Sandbach*
Sekundäre: Gestalt, Umgebung, Lage	6. Flusslauf	*Gabelbach, Krummbach*
	7. Fauna, Flora, Gelände	*Otterbach, Rohrach, Talbach*
	8. relative Lage	*Ostrach, Hinterbach*
Tertiäre: menschliche Nutzung	9. Einrichtungen, Arbeit, Nutzung	*Mühlbach, Brückbach, Dammbach*
	10. Nutznießer	*Geroldsbach, Pfaffenbächle*
	11. Historische Sachverhalte	*Zehntbach, Lehenbach*
	12. Siedlungen	*Dorfbach, Zürichsee*

Tabelle 8.2: Benennungsmotive für Gewässernamen (Greule 1996b: 1535f.)

Mit primären und sekundären Motiven werden **Naturnamen** gebildet, mit tertiären **Kulturnamen**.

8.2 Die alteuropäische Hydronymie

Flussnamen sind die ältesten geographischen Namen, weil sich die Menschen seit jeher an Flüssen orientieren konnten. Die Namen der meisten großen Flüsse im deutschen Sprachgebiet sind bereits in der Antike in griechischer oder lateinischer Form bezeugt.

Heutiger Name	Älteste belegte Form	Quelle
Donau	Danubius	Caesar (52 v.Chr.)
Elbe	Albis	Strabon (um 20)
Ems	Ἀμασία (Amasia)	Strabon (um 20)
Isar	Isura	Itinerarium Antonini (2.Jh.)
Inn	Aenus	Tacitus (um 110)
Lahn	Logna	Ravennas (496/506)
Lech	Λικίος (Likios)	Ptolemaeus (2.Jh.)
Main	Moenus	Mela (43/44)
Mosel	Mosella	Tacitus (um 110)
Rhein	Rhenus	Caesar (52 v.Chr.)
Weser	Βίσουργίς (Bisourgis)	Strabon (um 20)

Tabelle 8.3: Antike Erstbelege von Flussnamen (nach Greule (2014) und Borchers (2006))

Die zusammenhängende Erforschung der ältesten europäischen Flussnamen wurde von Krahe (1964) begründet und von Schmid (1995) u.a. fortgeführt. Diese Forschung begründete den Begriff **alteuropäische Hydronymie**. Die dazu gehörigen Flussnamen müssen folgende Bedingungen erfüllen (Schmid 1995: 756):

a) Der Name ist nicht einzelsprachlich erklärbar.
b) Der Name muss ein indoeuropäisches Etymon und eine indoeuropäische morphologische Struktur haben.
c) Die Bedeutung des zugrunde liegenden Wortes muss im Wortfeld 'Wasser und Eigenschaften des Wassers' liegen.
d) Der Name bezeichnet ein europäisches Gewässer.
e) Der Name hat mindestens eine wurzel- und strukturverwandte Entsprechung in Europa.

Der Name der *Isar* (rechts zur Donau) ist nicht aus dem Deutschen und seinen Vorstufen erklärbar, auch nicht aus dem vor dem Deutschen am Flusslauf gesprochenen Lateinischen oder Keltischen (a). Der Name wird von einer (vereinfacht dargestellten) indoeuropäischen Wurzel *eis-/*ois-/*is- abgeleitet und besitzt eine indoeuropäische Wortstruktur *is-ar-a (b). Die Bedeutung der Wurzel ist 'sich schnell bewegen' und bezeichnet somit eine Eigenschaft von Wasser (c). Der Fluss fließt in Europa (d) und hat eine europäische Entsprechung in franz. *Isère* (links zur Rhône) (e).

Die Forschung hat ein ganzes Netz solcher Namen mit sich wiederholenden Wurzeln und Ableitungsstrukturen von Westeuropa und den Britischen Inseln bis ins Baltikum und den slawischen Gebieten bis zum Don, von Skandinavien bis Unteritalien ermittelt, das wohl seit der Mitte des 2. Jahrtausends v. Chr. entwickelt wurde. In den europäischen Küstengebieten am Mittelmeer bilden vorindoeuropäische Gewässernamen eine Grenze der alteuropäischen Hydronymie. Ob sie nördlich der Alpen das älteste erreichbare Sprachmaterial ist, wie Krahe (1964: 33) gemeint hat, wird kritisch diskutiert.

8.3. Historische Gewässernamenschichten

Wenn Gewässernamen einzelsprachlich erklärt werden können, etwa aus dem Slawischen, werden sie einer entsprechenden historischen Schicht zugewiesen, und es ergibt sich eine historische Schichtenfolge. Die Ergebnisse derartiger Forschung werden in der folgenden Tabelle zusammengefasst:

Historische Schicht	Geographischer Schwerpunkt	Flüsse
Alteuropäisch	Gesamteuropäisch	*Donau, Elbe, Havel, Mulde, Neiße, Oder, Saale, Weser*
Nichtgermanisch/ nichtkeltisch	Nordwesteuropa einschließlich Niederrhein und Niedersachsen	*Aisch, Naab, Pegnitz, Rednitz, Zenn, Aschaff, Dörpe, Haspe, Wölpe*
Keltisch	Westeuropa, West- und Süddeutschland	*Amper, Amme, Cham, Rhein*
Slawisch	Östlich von Elbe und Saale, am Obermain, in Kärnten und in der Steiermark	*Geßnitz, Jösnitz, Jesnitz, Ölze, Rauda, Raudenbach*
Germanisch	Skandinavien, Britische Inseln, deutschsprachiger Raum	*Geisa, Glött, Wiesche, Beke, Laasphe, Laspe*
Deutsch	Deutschsprachiger Raum	*Glatt, Spring, Wande, Wanne, Lauterbach, Schwarzach, Weißbach, Schmalenbach, Breitenbach, Tiefenbach, Wilde, Milde*

Tabelle 8.4: Historische Schichten von Gewässernamen im deutschsprachigen Raum (nach Koß (2002: 4) und Nübling et al. (2015: 235)

Die Plausibilität solcher Ergebnisse steigt mit dem Zusammentreffen mehrerer Faktoren. So finden sich slawische Gewässernamen in Räumen, die seit dem 7./8. Jahrhundert slawisch besiedelt wurden, und sie betreffen kleinere Gewässer, bei denen angenommen werden kann, dass sie noch keine Namen trugen, die von den slawischen Siedlern hätten übernommen werden können. Weniger plausibel erscheint die Vorstellung, dass ein derart langer und breiter Fluss wie der Rhein vor der Existenz des Keltischen, also jedenfalls im 2. Jahrtausend, noch keinen Namen getragen haben könnte.

Es muss wohl auch mit der Möglichkeit gerechnet werden, dass ältere Namen in jüngeren Sprachen so integriert werden, dass sie sich aus diesen jüngeren Sprachen erklären lassen. So könnte der Name der *Altmühl* seiner heutigen Gestalt nach als deutsch erklärt werden (vgl. Bergmann 2011), obwohl er aus jedenfalls vordeutschem, wohl keltischem *Alcmuna* umgeformt ist. Mit der keltischen Erklärung des Namens *Rhein* konkurriert eine voreinzelsprachlich-indoeuropäische (Greule 2014: 435).

Auch bleibt ein bisher nicht aufgelöster Widerspruch zwischen der Annahme, indoeuropäische Gewässernamen seien das älteste Sprachgut nördlich der Alpen, mit der allgemein akzeptierten Entstehung der indoeuropäischen Grundsprache in der Ukraine oder in Anatolien, also jedenfalls außerhalb des nordalpinen europäischen Raums. Dass indoeuropäische Sprecher dort menschenleere Räume und namenlose Ströme angetroffen hätten, ist ebenso unwahrscheinlich wie die Annahme einer vollständigen Neubenennung aller Gewässer. Dass alle Namen indoeuropäisch erklärbar sind, könnte auch auf der sprachlichen Aneignung vorgefundener Namen durch Sprecher indoeuropäischer Sprachen beruhen. Die heutige geographische Situation des nicht-indoeuropäischen Baskischen ist das Ergebnis einer kontinuierlichen Zurückdrängung aus früher größeren Verbreitungsgebieten, worauf Vennemann (2003) die Theorie eines vaskonischen Substrats in Mitteleuropa aufbaute. Weil aber keine älteren Namenbelege existieren, werden Theorien über vorindoeuropäische Sprachen in Mitteleuropa von der historisch-vergleichenden indoeuropäischen Sprachwissenschaft abgelehnt; vgl. Udolph (Hg.) (2012).

Einführende Literatur: Greule (1996b, 2004b); Nübling et al. (2015: 222-235); zur alteuropäischen Hydronymie Koß (2002: 1-12).

Weiterführende Literatur: Greule (2004a, 2014: alphabetisches Gewässernamenbuch mit Belegen in Auswahl und Etymologie); Schmid (1995); Borchers (2006). Weiterführende Hinweise zur laufenden Diskussion über Alteuropa und über vorindoeuropäische Sprachen finden sich in entsprechenden Wikipedia-Artikeln (z.B. unter Alteuropa-(Sprach)Forschung), Indogermanen, Nordwestblock, Vaskonische Hypothese).

8.4 Zusammenfassung

Gewässernamen (Hydronyme) bezeichnen als geographische Namen alle Arten natürlicher und künstlicher Wasserläufe und -flächen. Die Namen größerer Flüsse sind die ältesten sprachlichen Zeugnisse überhaupt und führen in voreinzelsprachliche Zeit zurück. Sie sind heute durchweg opak, lassen aber etymologisch dieselben Benennungsmotive wie jüngere transparente Gewässernamen erkennen. Gewässer werden als solche und nach ihren Eigenschaften und ihrer Umgebung benannt.

Aufgabe 26: Sammeln Sie in Ihrem landschaftlichen Umfeld etwa zehn transparente Gewässernamen, und bestimmen Sie ihre Benennungsmotive.
Aufgabe 27: Wählen Sie ein kleineres Gewässersystem, z.B. das der *Sulm* (rechter Nebenfluss des Neckars) oder der *Itz* (rechter Nebenfluss des Mains in Thüringen und Nordbayern) mit ihren Zuflüssen, und versuchen Sie mit Hilfe des Deutschen Gewässernamenbuches (Greule 2014) eine nähere Bestimmung der Namen nach Alter, Bildungsweise, Benennungsmotiv.

Grundbegriffe: Gewässernamen, Hydronyme, Gattungseigennamen, Benennungsmotive, Alteuropäische Hydronymie, indoeuropäische, germanische, keltische, romanische, slawische Sprachen

9. Sachnamen

Das letzte Kapitel gibt einen Überblick über weitere Namenklassen, wobei es aus Raumgründen nur kurze Erklärungen und wenige Beispiele geben kann. In allen Fällen wird aber die grundlegende und die aktuellste Literatur genannt.

9.1 Die Einteilung der Sachnamen

Den Namen von Lebewesen (Anthroponymen und Zoonymen) können alle anderen Namen als Namen von Sachen gegenübergestellt werden. Die geographischen Namen haben dabei aufgrund ihres Alters eine besondere Bedeutung; ihre hervorgehobene Rolle in der Forschung ist daher in eigenen Kapiteln berücksichtigt worden.

Einteilungen der Sachnamen sind mehrfach mit entsprechenden Terminologien vorgeschlagen worden. Sie neigen dazu, die gesamte Welt zu klassifizieren und immer weiter zu differenzieren. Nach der sehr einleuchtenden Übersicht über die Namenklassen bei Nübling et al. (2015: 104) sollen hier neben Anthroponymen und Toponymen noch die Klassen der **Ergonyme**, **Praxonyme** und **Phänonyme** unterschieden werden. Ergonyme (von altgriech. ἔργον érgon 'Werk, Arbeit') bezeichnen von Menschen geschaffene Objekte, Praxonyme (von altgriech. πρᾶξις prāxis 'Tun, Handlung') bezeichnen menschliche Handlungen und Phänonyme oder Phänomenonyme (von altgriech. φαινόμενον phainómenon 'Erscheinung') bezeichnen Naturphänomene. Sachnamen werden im Einzelnen nach ihrer Bildungsweise und ihren Benennungsmotiven untersucht.

9.2 Ergonyme

Die Ergonyme überschneiden sich mit den Toponymen, da die Einteilung nach anderen Kriterien vorgenommen wird. So sind Siedlungen, Straßen, künstliche Gewässer natürlich auch von Menschen geschaffene Objekte und insofern sind ihre Namen auch Ergonyme. Im engeren Sinne rechnet man zu den Ergonymen aber vor allem folgende Untergruppen:

Menschliche Werke	Namenbeispiel
Werke der Bildenden Kunst	*Der Turm der blauen Pferde*
Literarische Kunstwerke	*Buddenbrooks: Verfall einer Familie*
Musikalische Kunstwerke	*Toccata und Fuge in d-moll*
Bauwerke	*Brandenburger Tor*
Waren	*Persil*
Unternehmen	*Universitätsverlag Winter*
Behörden	*Bundesverfassungsgericht*
Institutionen	*Rheinische Friedrich-Wilhelms-Universität Bonn*
Parteien	*Christlich-Soziale Union in Bayern*
Vereine	*1. FC Köln*
Verkehrsmittel, z.B. Schiffe	*Mein Schiff 6*

Tabelle 9.1: Untergruppen von Ergonymen

Die Untergruppe Autonamen (innerhalb der Verkehrsmittel) bedarf weiterer Differenzierung. So ist ein Auto ein Volkswagen, insofern er von dem Unternehmen namens *Volkswagen* hergestellt wird. Das Modell kann den Namen *Golf* tragen, der millionenfach hergestellt wurde, aber gegenüber dem Modell *Passat* eine eigene Individualität besitzt.

Schließlich kann der Besitzer eines einzelnen Golf ihm den Namen *Schnurri* geben.

Sofern Institutionennamen Personennamen enthalten, gilt wie bei Straßennamen die Benennung als ehrend. Insofern können auch bei Institutionen ihre Namen kritisch hinterfragt und Umbenennungen diskutiert und vorgenommen werden. So hat sich die *Westfälische Wilhelms-Universität Münster* laut Erklärung auf ihrer Internetseite im Jahre 2023 dafür entschieden, den Bezug auf Kaiser Wilhelm II. (1888-1918) und das Adjektiv *westfälisch* aus ihrem Namen zu streichen. Die Universität Bonn hingegen erläutert auf ihrer Internetseite, wodurch sie bald nach der Gründung im Jahre 1818 die Gunst des Gründers Friedrich Wilhelms III. von Preußen (1797-1840) verlor und erst durch seinen Nachfolger König Friedrich Wilhelm IV. (1840-1861) zu ihrem Namen kam.

9.3 Praxonyme und Phänonyme: Ereignisnamen

Zu den Praxonymen als Namen menschlicher Handlungen gehören Namen von Kriegen und Revolutionen, von Friedensschlüssen und Verträgen usw., wie z.B.

> *Prager Fenstersturz - Westfälischer Friede - Siebenjähriger Krieg - Französische Revolution - Wartburgfest - Hambacher Fest - Schwarzer Freitag*

Neben den durch menschliche Handlungen bewirkten Ereignissen haben auch natürlich entstandene Phänomene wie Sturmfluten und Orkane, Hoch- und Tiefdruckgebiete und andere Wettererscheinungen Namen.

Literatur: Zu Sachnamen einführend Debus (2012: 195-203); weiterführend Nübling et al. (2015: 266-336); Eichler et al. (Hgg.) (1996, Nr. 238, 239); im Einzelnen zu Warennamen Ackermann (2011); Ronneberger-Sibold (2020); Ronneberger-Sibold/Wahl (2017); zu Unternehmensnamen Fahlbusch (2011, 2017); Eichler et al. (Hgg.), (1996, Nr. 241, 245, 249, 258, 250, 251); Kunze (2011); Schröer (2014); Ewald (2012); Pohl (2022); zu Namen von Bauwerken Koch/Gautier (2022); Kunkel (2022); zu Fahrzeug- und Maschinennamen Heinemann (2022); Ottersbach/Solling (2022); Köpcke/Zubin (2005); zu Ereignisnamen Harweg (1999b, 1997c, 1997d); Beer (2018); zu inoffiziellen Ergonymen Ewald/Pohl (Hgg.) (2024).

9.4 Zusammenfassung

Die große Klasse der Sachnamen wird in Ergonyme, Praxonyme und Phänonyme gegliedert. Praxonyme und Phänonyme können auch als Ereignisnamen zusammengefasst werden.

Aufgabe 28: Sammeln Sie zu einer der Untergruppen der Ergonyme (Tabelle 9.1) etwa zehn weitere Beispiele, und analysieren Sie Bildungsweise und Benennungsmotive.
Aufgabe 29: Ermitteln Sie zu den in Kap. 9.3 genannten Ereignisnamen die historischen Ereignisse, und analysieren Sie Bildungsweise und Benenenungsmotive.
Aufgabe 30: Ordnen Sie das gesammelte Sachnamenmaterial aus Aufgabe 3. nach den bezeichneten Einzelkategorien (Unternehmen, Parteien, Verbände usw.).

Grundbegriffe: Sachnamen, Ergonyme, Praxonyme, Phänonyme, Ereignisnamen

Literatur

Allgemeine historische oder geographische Informationen stammen im Allgemeinen aus Wikipedia oder wurden dort überprüft. Andere Internetquellen werden genannt; Benutzungsdaten werden nur angegeben, wenn es auf den genauen Wortlaut ankommt. Wenn mehr als zwei Personen an einem Werk mitgewirkt haben, wird in den Kurzzitaten nur der erste Name + et al. (= lat. *et alii* 'und andere') genannt. Zahlreiche Artikel in Eichler et al. (Hgg.) (1995/96) werden im Text mit ihrer Nummer zitiert und hier nicht eigens aufgeführt. Die Abkürzungen sind alphabetisch eingeordnet.

Ackermann, Tanja (2011): Aloe Vera vs. Click. Zur phonologischen Kodierung von Geschlecht bei Warennamen (Deodorants). In: BNF NF 46, 1-50.

Ackermann, Tanja (2018): Grammatik der Namen im Wandel. Diachrone Morphosyntax der Personennamen im Deutschen. Berlin/Boston: de Gruyter.

AWB = Elisabeth Karg-Gasterstädt/Theodor Frings et al. (1952ff.): Althochdeutsches Wörterbuch. Berlin/Boston: de Gruyter. https://woerterbuch-netz.de/.

Bach, Adolf (1952-1956): Deutsche Namenkunde. 1,1 und 2.: 2.A.: Die deutschen Personennamen. 1952 und 1953. 2,1 und 2: Die deutschen Ortsnamen. 1953 und 1954. 3: Registerband bearbeitet von Dieter Berger 1956. Heidelberg: Winter.

Balnat, Vincent (2018): L'appellativisation du prénom. Etude contrastive allemand-français. Tübingen: Narr.

Bauer, Gerhard (1985): Namenkunde des Deutschen. Bern u.a.: Peter Lang.

Beer, Christina (2018): *Kalter Krieg* und *Kalte Kriege*. Die Stellung der Ereignisnamen im onymischen System des Deutschen. In: Bergmann/Stricker (Hgg.) (2018), 49-59.

Belosevic, Milena (2021): ‚Angela Merkohl' und ‚Gerda Schröckel'. Semantik und Pragmatik der Namenmanipulationen am Beispiel der Namen von Politiker/innen. In: BNF NF 56, 327-350.

Bergmann, Rolf (2002): Mittelalterliche und pseudomittelalterliche Etymologien des Namens Bamberg. In: BNF NF 37, 277-291.

Bergmann, Rolf (2006): Deutsche Sprache und römisches Reich im Mittelalter. In: Schneidmüller, Bernd/Weinfurter, Stefan (Hgg.) (2006): Heilig – Römisch – Deutsch. Das Reich im mittelalterlichen Europa. Dresden: Michel Sandstein Verlag, 162-184.

Bergmann, Rolf (2011): Das methodische Dilemma der Interferenz-Onomastik oder: Ist Altmühl ein deutscher Name? In: Haubrichs, Wolfgang/Tiefenbach, Heinrich (Hgg.) (2011): Interferenz-Onomastik. Namen in Grenz- und Begegnungsräumen in Geschichte und Gegenwart. Saarbrücken: Kommission für Saarländische Landesgeschichte und Volksforschung, 29-44.

Bergmann, Rolf/Stricker, Stefanie (Hgg.) (2018): Namen und Wörter. Theoretische Grenzen – Übergänge im Sprachwandel. Heidelberg: Winter.

Bering, Dietz (1983): Der Kampf um den Namen Isidor. Polizeivizepräsident Bernhard Weiß gegen Gauleiter Joseph Goebbels. In: BNF NF 18, 121-153.

Bering, Dietz (1987): Der Name als Stigma. Antisemitismus im deutschen Alltag 1812-1933. Stuttgart: Klett-Cotta.

Bering, Dietz (1991): Kampf um Namen. Bernhard Weiß gegen Joseph Goebbels. Stuttgart: Klett-Cotta.

Bering, Dietz (1996): Die Namen der Juden und der Antisemitismus. In: Eichler et al. (Hgg.) (1996), 1300-1310.
Bering, Dietz (2001): Grundlegung kulturwissenschaftlicher Studien über Straßennamen. Der Projektentwurf von 1989. In: Eichhoff et al. (Hgg.) (2001), 270-281.
Berndt, Sandra (2009): Name und Geschlecht. Weibliche Familiennamen im Deutschen. In: Hengst/Krüger (Hgg.) (2009), 149-163.
Besch, Werner (1996): Duzen, Siezen, Tituliere: zur Anrede im Deutschen gestern und heute. Göttingen: Vandenhoeck & Ruprecht.
Besch, Werner/Betten, Anne/Reichmann, Oskar/Sonderegger, Stefan (Hgg.) (1998-2004): Sprachgeschichte. Ein Handbuch zur Geschichte der deutschen Sprache und ihrer Erforschung. 2. A. Berlin/New York: de Gruyter.
Bily, Inge (2019): Orts-, Flur-, Gewässer- und Personennamen im Osten Deutschlands: Zum Stand ihrer Bearbeitung. In: BNF NF 54, 247-303.
BNF NF = Beiträge zur Namenforschung. Neue Folge. Hg. v. Damaris Nübling, Rolf Bergmann, Kirstin Casemir, Ulrich Obst, Mirjam Schmuck, Rudolf Steffens, Karin Stüber. Redaktion Damaris Nübling. Heidelberg: Winter.
Borchers, Ulf (2006): Große Flüsse auf dem Gebiet der Bundesrepublik Deutschland. Hydronymia Germaniae. Reihe A. Supplementband. Stuttgart: Franz Steiner.
Brechenmacher, Josef Karl (1957-1963): Etymologisches Wörterbuch der Deutschen Familiennamen. 1-2. Limburg a.d. Lahn: Starke.
Brechenmacher, Thomas (2001): Zur Vornamengebung der Juden in Deutschland zwischen Emanzipation und Vernichtung. In: Eichhoff et al. (Hgg.) (2001), 32-51.
Brendler, Andrea/Brendler, Silvio (Hgg.) (2005): Namenforschung morgen. Ideen, Perspektiven, Visionen. Hamburg: baar.
Brendler, Andrea/Brendler, Silvio (Hgg.) (2007): Europäische Personennamensysteme. Ein Handbuch von Abchasisch bis Zentralladinisch. Hamburg: baar.
Brendler, Silvio (2011): Was hat Familiennamengeographie eigentlich mit Familiennamen zu tun? In: Heuser et al. (Hgg.) (2011), 351-358.
Busley, Simone/Fritzinger, Julia (2018): Em Stefanie sei Mann – Frauen im Neutrum. In: Nübling/Hirschauer (Hgg.) (2018), 191-212.
Casemir, Kirstin (2009): Familiennamen aus Berufsbezeichnungen. Namengebung und Namenmotivation am Beispiel des Bäckergewerbes. In: Hengst/Krüger (Hgg.) (2009), 165-191.
Czopek-Kopciuch, Barbara (2011): Polnische Familiennamen im Deutschen. In: Hengst/Krüger (Hgg.) (2011), 189-202.
Dammel, Antje/Nübling, Damaris/Schmuck, Mirjam (2015): Tiernamen – Zoonyme. Forschungserträge und Forschungsperspektiven zu einer wissenschaftlich vernachlässigten Namenklasse. In: BNF NF 50, 1-36.
Debus, Friedhelm (1985): Zur Pragmatik von Namengebung und Namengebrauch in unserer Zeit. In: Eichler et al. (Hgg.) (1985), 49-75.
Debus, Friedhelm (Hg.) (1987): Reclams Namenbuch: deutsche und fremde Vornamen nach Herkunft und Bedeutung erklärt. Stuttgart: Reclam.
Debus, Friedhelm (1996a): Personennamen und soziale Schichtung. In: Eichler et al. (Hgg.) (1996), 1731-1739.
Debus, Friedhelm (1996b): Stadtbücher als namenkundliche Quelle. In: BNF NF 31, 359-369.
Debus, Friedhelm (2001): Die Entwicklung der deutschen Familiennamen in sozioökonomischer Sicht. In: Eichhoff et al. (Hgg.) (2001), 166-179.

Debus, Friedhelm (2002): Namen in literarischen Werken. (Er)Findung, Form, Funktion. Stuttgart: Steiner.
Debus, Friedhelm (2007): Literarische Onomastik. Versuch einer Positionsbestimmung im Rahmen der Namenforschung. In: Debus, Friedhelm: Kleinere Schriften. 3. Hildesheim u.a.: Olms, 419-427.
Debus, Friedhelm (2009): Die Entstehung der deutschen Familiennamen aus Beinamen. In: Hengst/Krüger (Hgg.) (2009), 85-108.
Debus, Friedhelm (2012): Namenkunde und Namengeschichte. Eine Einführung. Berlin: Erich Schmidt.
Debus, Friedhelm (2016): Die biblische Elisabeth und Elisabeth von Thüringen im Spiegel der deutschen Namengebung. In: Dräger et al. (Hgg.) (2016), 67-87.
Debus, Friedhelm/Heuser, Rita/Nübling, Damaris (Hgg.) (2014): Linguistik der Familiennamen. Hildesheim/Zürich/NewYork: Olms.
Debus, Friedhelm/Schmitz, Heinz-Günter (2004): Überblick über Geschichte und Typen der deutschen Orts- und Landschaftsnamen. In: Besch et al. (Hgg.) (2004) 4, 3468-3514.
Debus, Friedhelm/Seibicke Wilfried (Hgg.) (1993): Reader zur Namenkunde. Hildesheim/New York: Olms.
Depenau, David (2002): Von Bloomäuler, Lellebollem und Neckarschleimer. Die Ortsnecknamen in Heidelberg, Mannheim und dem Rhein-Neckar-Kreis. Heidelberg u.a.: Verlag Regionalkultur.
DFD = Digitales Familiennamenwörterbuch Deutschlands (DFD). https://www.namenforschung.net/dfd/projektvorstellung/
Dittmaier, Heinrich (1963): Rheinische Flurnamen. Bonn: Röhrscheid.
Dräger, Kathrin (2011): Familiennamen aus dem Rufnamen *Nikolaus* im Deutschen. In: Heuser et al. (Hgg.), 269-281.
Dräger, Kathrin (2013): Familiennamen aus dem Rufnamen *Nikolaus* im Deutschen. Regensburg: edition vulpes.
Dräger, Kathrin (2016): *Petersen, Weihenstephan, San Pellegrino*. Eine Einführung zum Thema Heiligenverehrung und Namengebung. In: Dräger et al. (Hgg.) (2016), 1-15.
Dräger, Kathrin/Fahlbusch, Fabian/Nübling, Damaris (Hgg.) (2016): Heiligenverehrung und Namengebung. Berlin/Boston: de Gruyter.
Dräger, Kathrin/Heuser, Rita/Prinz, Michael (Hgg.) (2021): Toponyme. Standortbestimmung und Perspektiven. Berlin/Boston: de Gruyter.
[1]DWB = Jacob Grimm und Wilhelm Grimm (1854-1961): Deutsches Wörterbuch. Leipzig/Stuttgart: Hirzel. Digitalisat: https://woerterbuchnetz.de/.
[2]DWB = Jacob Grimm und Wilhelm Grimm (1965-2018): Deutsches Wörterbuch. Neubearbeitung A-F. Stuttgart: Hirzel. Digitalisat: https://woerterbuchnetz.de/.
DWDS = Digitales Wörterbuch der deutschen Sprache. https://www.dwds.de/.
Ebert, Verena (2021): Koloniale Straßennamen. Benennungspraktiken im Kontext kolonialer Raumaneignung in der deutschen Metropole von 1884 bis 1945. Berlin/Boston: de Gruyter.
Eichhoff, Jürgen/Seibicke, Wilfried/Wolffsohn, Michael (Hgg.) (2001): Name und Gesellschaft. Soziale und historische Aspekte der Namengebung und Namenentwicklung. Mannheim u.a.: Dudenverlag.

Eichler, Ernst/Hilty, Gerold/Löffler, Heinrich/Steger, Hugo/Zgusta, Ladislav (Hgg.) (1995-1996): Namenforschung. Name Studies. Les noms propres. Ein internationales Handbuch zur Onomastik. Berlin/New York: de Gruyter.
Ernst, Peter et al. (Hgg.) (2022): Namenforschung im Spannungsfeld zwischen Wissenschaft und Öffentlichkeit. Beiträge zum Symposion Namenforschung (Linz, 4.-6. Oktober 2018). Regensburg: vulpes.
EWA = Albert Larry Lloyd/Otto Springer/Rosemarie Lühr (1988ff.): Etymologisches Wörterbuch des Althochdeutschen. Göttingen/Zürich: Vandenhoeck und Ruprecht. Digitalisat: https://woerterbuchnetz.de/.
Ewald, Petra (2012): Grundschule Brüsewitz – Grundschule „Villa Kunterbunt" – Lessing-Grundschule: Schulnamen zwischen Identifizierungs- und Charakterisierungsfunktion. In: BNF NF 47, 1-32.
Ewald, Petra/Klager, Christian (2007): Namen von Zootieren. Zum Wesen und Gebrauch einer vernachlässigten Namenklasse. In: BNF NF 42, 325-345.
Ewald, Petra/Pohl, Inge (Hgg.) (2024): Inoffizielle Eigennamen. Onomastische Studien. Frankfurt/M. u.a.: Lang.
Fahlbusch, Fabian (2011): Von Haarmanns Vanillinfabrik zu Symrise, von der Norddeutschen Affinerie zu Aurubis: Prinzipien des diachronen Wandels von Unternehmensnamen. In: BNF NF 46, 51-80.
Fahlbusch, Fabian (2017): Unternehmensnamen. Entwicklung – Gestaltung – Wirkung – Verwendung. Berlin: Frank & Timme.
Filatkina, Natalia (2019): ‚Man kann uns nur bemauten, wenn wir es nicht bemerkeln'. Ein Beitrag zur onomastischen Textlinguistik und Pragmatik. In: BNF NF 54, 189-222.
Flöer, Michael (2018): Die Ortsnamen des Märkischen Kreises. Bielefeld: Verlag für Regionalgeschichte.
Förstemann, Ernst (1900): Altdeutsches namenbuch. 1. Personennamen. 2. A. Nachdruck 1966. München: Wilhelm Fink.
Fuchshuber-Weiß, Elisabeth (1996): Straßennamen: deutsch. In: Eichler et al. (Hgg.) (1996), 1468-1475.
Geuenich, Dieter/Haubrichs, Wolfgang/Jarnut, Jörg (Hgg.) (1997): Nomen et gens. Zur historischen Aussagekraft frühmittelalterlicher Personennamen. Berlin/New York: de Gruyter.
Geuenich, Dieter/Runde, Ingo (Hgg.) (2006): Name und Gesellschaft im Frühmittelalter. Personennamen als Indikatoren für sprachliche, ethnische, soziale und kulturelle Gruppenzusammengehörigkeit ihrer Träger. Hildesheim u.a.: Olms.
Glasner, Peter (2001): Vom Ortsgedächtnis zum Gedächtnisort. Straßennamen zwischen Mittelalter und Neuzeit. In: Eichhoff et al. (Hgg.) (2001), 282-302.
Glasner, Peter (2002a): Die Lesbarkeit der Stadt. Lexikon der mittelalterlichen Straßennamen Kölns. Köln: DuMont.
Glasner, Peter (2002b): Die Lesbarkeit der Stadt. Kulturgeschichte der mittelalterlichen Straßennamen Kölns. Köln: DuMont.
Glasner, Peter (2011): Sehen und Bezeichnen – Straßennamen in der mittelalterlichen Stadt. In: v. Reitzenstein (Hg.) (2011), 41-74.
Gniech, Gisla (1993): „*Nomen atque omen*" oder „*Name ist Schall und Rauch…?*" In: Debus/Seibicke (Hgg.) (1993), 397-410.

Goetz, Hans-Werner/Haubrichs, Wolfgang (2005): Personennamen in Sprache und Gesellschaft. Zur sprach- und geschichtswissenschaftlichen Auswertung frühmittelalterlicher Namenzeugnisse auf der Grundlage einer Datenbank (mit Beispielartikeln). In: BNF NF 40, 1-50, 121-215.

Gold, David L. (1996): On the Study of Jewish Family Names. In: Eichler et al. (Hgg.) (1996), 1310-1321.

Gottschald, Max (2002): Deutsche Namenkunde. Mit einer Einführung in die Familiennamenkunde von Rudolf Schützeichel. 6.A. Berlin/New York: de Gruyter.

Graeme Dunphy, R. (2003): Opitz's Anno. The Middle High German *Annolied* in the 1639 Edition of Martin Opitz. Glasgow: Scottish Papers in Germanic Studies.

Greule, Albrecht (1996a): Morphologie und Wortbildung der Vornamen: Germanisch. In: Eichler et al. (Hgg.) (1996), 1182-1187.

Greule, Albrecht (1996b): Gewässernamen: Morphologie, Benennungsmotive, Schichten. In: Eichler et al. (Hgg.) (1996), 1534-1539.

Greule, Albrecht (2004a): Schichten vordeutscher Namen im deutschen Sprachgebiet. In: Besch et al. (Hgg.) (2004) 4, 3460-3468.

Greule, Albrecht (2004b): Überblick über Geschichte und Typen der deutschen Gewässernamen. In: Besch et al. (Hgg.) (2004) 4, 3530-3535.

Greule, Albrecht (2006): Probleme der germanischen Wortbildung im Lichte der Personennamen-Analyse. In: Geuenich/Runde (Hgg.) (2006), 310-318.

Greule, Albrecht (2014): Deutsches Gewässernamenbuch. Etymologie der Gewässernamen und der zugehörigen Gebiets-, Siedlungs- und Flurnamen. Unter Mitarbeit von Sabine Hackl-Rößler. Berlin/Boston: de Gruyter.

Guggenheimer, Eva H. und Heinrich W. (1996): Etymologisches Lexikon der jüdischen Familiennamen. München u.a.: G.G. Saur.

Hartmann, Torsten (1984): Untersuchung der konnotativen Bedeutung von Personennamen. Neumünster: Karl Wachholtz.

Harweg, Roland (1997a): Depropriale Gemeinnamen oder Wortschöpfung aus Eigennamen. In: Harweg, R.: Namen und Wörter. Aufsätze. Bochum: Brockmeyer, 49-88.

Harweg, Roland (1997b): Taufnamen und Erbnamen. In: Harweg, R.: Namen und Wörter. Aufsätze. Bochum: Brockmeyer, 251-282.

Harweg, Roland (1997c): Gibt es Eigennamen von Vorgängen? Oder Wie werden Vorgangsindividuen benannt? In: Harweg, R.: Namen und Wörter. Aufsätze. Bochum: Brockmeyer, 375-407.

Harweg, Roland (1997d): Die Substantive Wind und Sturm und die Namen von Winden und Stürmen. In: Harweg, R.: Namen und Wörter. Aufsätze. Bochum: Brockmeyer, 439-460.

Harweg, Roland (1999a): Was für Namen sind Sprachennamen? In: Harweg, R.: Studien zu Gattungsnamen und Stoffnamen. Aufsätze. Aachen: Shaker, 1-33.

Harweg, Roland (1999b): Temporale Eigennamen. In: Harweg, R.: Studien zu Eigennamen. Aufsätze. Aachen: Shaker, 1-35.

Harweg, Roland (1999c): Bloße Eigennamenkennzeichnungen und ihr Wert. In: Harweg, R.: Studien zu Eigennamen. Aufsätze. Aachen: Shaker, 195-220.

Harweg, Roland (1999d): Eigennamen als Eigen- und Fremdbezeichnungen. In: Harweg, R.: Eigenbezeichnungen und Fremdbezeichnungen. Drei Aufsätze. Aachen: Shaker, 1-106.

Haubrichs, Wolfgang (1990): Der Codex Laureshamensis als Quelle frühmittelalterlicher Siedlungsnamen. In: Schützeichel, Rudolf (Hg.): Ortsname und Urkunde. Frühmittelalterliche Ortsnamen-Überlieferung. Heidelberg: Winter, 119-175.
Haubrichs, Wolfgang (2004): *Theodiscus*, Deutsch und Germanisch – drei Ethnonyme, drei Forschungsbegriffe. Zur Frage der Instrumentalisierung und Wertbesetzung deutscher Sprach- und Volksbezeichnungen. In: Beck, Heinrich/Geuenich, Dieter/Steuer, Heiko/Hakelberg, Dieter (Hgg.) (2004): Zur Geschichte der Gleichung „germanisch – deutsch". Berlin/New York: de Gruyter, 199-227.
Haubrichs, Wolfgang (2016): Aus der Frühzeit der Heiligennamen in Deutschland, Frankreich und Italien. In: Dräger et al. (Hgg.) (2016), 17-40.
Hausner, Isolde (2009): Regionalspezifische Familiennamen in Österreich. In: Hengst/Krüger (Hgg.) (2009), 351-363.
Heinemann, Sabine (2022): Von Zitrönchen, Enten, Göttinnen und Freunden: Zum Markenframe von Citroën. In: BNF NF 57, 257-282.
Helmbrecht, Johannes/Nübling, Damaris/Schlücker, Barbara (Hgg,) (2017): Namengrammatik. Hamburg: Buske.
Hengst, Karlheinz (2001): Mazur und Motzki. Slawische Familiennamen als kulturgeschichtliche Zeugen. In: Eichhoff et al. (Hgg.) (2001), 209-225.
Hengst, Karlheinz (2011): Flurnamen als Geschichtsquellen zum Kulturkontakt von Slawen und Deutschen im Mittelalter: In: v. Reitzenstein (Hg.) (2011), 97-132.
Hengst, Karlheinz/Krüger, Dietlind (Hgg.) (2009-2011): Familiennamen im Deutschen. Erforschung und Nachschlagewerke. 1-2. Leipzig: Leipziger Universitätsverlag.
Heuser, Rita (2008): Namen der Mainzer Straßen und Örtlichkeiten. Stuttgart: Steiner.
Heuser, Rita (2011): Französische Familiennamen in Deutschland. In: Hengst/Krüger (Hgg.) (2009-2011) 2, 349-372.
Heuser, Rita/Nübling, Damaris/Schmuck, Mirjam (Hgg.) (2011): Familiennamengeographie. Ergebnisse und Perspektiven europäischer Forschung. Berlin/New York: de Gruyter.
Hoffmann, Gert (1996): Namen und Namengebung in der Astronomie. In: Eichler et al. (Hgg.) (1996), 1627-1637.
Hohensinner, Karl (2022): Wissenschaftliche Namenforschung und Esoterik. In: Ernst, Peter et al. (Hgg.) (2022), 57-120.
Hornung, Maria (1989): Lexikon österreichischer Familiennamen. St. Pölten/Wien: Niederösterreichisches Pressehaus.
Jarnut, Jörg (1996): Teotischis homines (a. 816). Studien und Reflexionen über den ältesten (urkundlichen) Beleg des Begriffes „theodiscus". In: Mitteilungen des Instituts für Österreichische Geschichtsforschung 104, 26-40.
Kany, Werner (1992): Inoffizielle Personennamen. Bildung, Bedeutung und Funktion. Tübingen: Niemeyer.
Kany, Werner (1995): Namenverwendung zwischen öffentlich und privat. In: Eichler et al. (Hgg.) (1995), 509-514.
Kleiber, Wolfgang (1996): Ortsnamen und Siedlungsgeschichte: Kontinentalgermania. In: Eichler et al. (Hgg.) (1996), 1706-1713.

Kleiber, Wolfgang (2004): Die Flurnamen. Voraussetzungen, Methoden und Ergebnisse sprach- und kulturhistorischer Auswertung. In: Besch et al. (Hgg.) (2004) 4, 3515-3529.
Koch, Florian/Gautier, Laurent (2022): ‚Allianz Arena', ‚Orange Vélodrome' & Co. Zur Akzeptanz von Fußballfans bei der kommerziellen Neu- bzw. Umbenennung ‚ihres' Stadions im deutsch-französischen Vergleich. In: BNF NF 57, 363-385.
Kohlheim, Rosa (1996a): Typologie und Benennungssysteme bei Familiennamen: prinzipiell und kulturvergleichend. In: Eichler et al. (Hgg.) (1996), 1247-1259.
Kohlheim, Rosa (1996b): Entstehung und geschichtliche Entwicklung der Familiennamen in Deutschland. In: Eichler et al. (Hgg.) (1996), 1280-1284.
Kohlheim, Rosa und Volker (2005): Duden. Familiennamen. Herkunft und Bedeutung. Mannheim u.a.: Dudenverlag.
Kohlheim, Rosa und Volker (2011): Eine Innovation im deutschen Familiennameninventar: Deutsch-türkische Homographien. In: Heuser et al. (Hgg.), 321-334.
Kohlheim, Rosa und Volker (2016): Heiligennamen als Rufnamen. In: Dräger et al. (Hgg.) (2016), 41-66.
Kohlheim, Rosa und Volker (2007/2021): Duden. Lexikon der Vornamen. Herkunft, Bedeutung und Gebrauch von über 8000 Vornamen. 3./8.A. Mannheim u.a.: Dudenverlag.
Kohlheim, Volker (1996a): Die christliche Namengebung. In: Eichler et al. (Hgg.) (1996), 1048-1057.
Kohlheim, Volker (1996b): Fremde Rufnamen. In: Eichler et al. (Hgg.), 1203-1207.
Kohlheim, Volker (2013): Toponyme in der Literatur: Ein kognitivistischer Ansatz. In: NI 101/102, 352-364.
Kohlheim, Volker (2019): Der Name in der Literatur. Unter Mitarbeit von Rosa Kohlheim. Heidelberg: Winter.
Kollmann, Cristian/Gilles, Peter/Muller, Claire (2016): Luxemburger Familiennamenbuch. Berlin/Boston: de Gruyter.
Köpcke, Klaus-Michael/Zubin, David A. (2005): Nominalphrasen ohne lexikalischen Kopf – Zur Bedeutung des Genus für die organisation des mentalen Lexikons am Beispiel der Autobezeichnungen im Deutschen. In: Zeitschrift für Sprachwissenschaft 24, 93-122.
Koß, Gerhard (2002): Namenforschung. Eine Einführung in die Onomastik. 3.A. Tübingen: Max Niemeyer.
Köster, Rudolf (2003): Eigennamen im deutschen Wortschatz. Ein Lexikon. Berlin/New York: de Gruyter.
Krahe, Hans (1964): Unsere ältesten Flussnamen. Wiesbaden: Steiner.
Krass, Peter Maximilian (2014): Von Felix, Lilly und Karl-Doris. Zur Benennungsmotivik und zur Struktur von Katzennamen. In: BNF NF 49, 1-26.
Kreiser, Klaus (2011): Türkische Familiennamen in der Türkei und in Deutschland. In: Hengst/Krüger (Hgg.) (2009-2011) 2, 503-516.
Kremer, Dieter (Hg.) (2018): Namen und Berufe. Akten der Tagung der Deutschen Gesellschaft für Namenforschung und des Namenkundlichen Zentrums der Universität Leipzig. Oktober 2017. Leipzig: Universitätsverlag.
Kroiß, Daniel (2021): Humanistennamen. Entstehung, Struktur und Verbreitung latinisierter und gräzisierter Familiennamen. Berlin/Boston: de Gruyter.

Kroiß, Daniel (2022): *Faber, Fabri, Fabricius*: Linguistische Aspekte bei der Bildung von Humanistennamen. In: BNF NF 57, 387-430.
Kroiß, Daniel (2023): Straßennamenpolitik in Deutschland. Aktuelle Kontroversen in der Pfalz am Beispiel der Städte Landau, Bad Dürkheim und Neustadt an der Weinstraße. Vortrag bei der Mainzer Namentagung 2023 "Namen und Politik". In Druckvorbereitung.
Kühn, Ingrid (2001): Umkodierung von öffentlicher Erinnerungskultur am Beispiel Straßennamen in den neuen Bundesländern. In: Eichhoff et al. (Hgg.) (2001), 303-317.
Kully, Rolf Max (2009): Form und Inhalt der Deutschschweizer Familiennamen. In: Hengst/Krüger (Hgg.) (2009), 365-392.
Kunkel, Melanie (2022): Strategien zur Benennung von Neubauprojekten in Deutschland. Von Wohnparks, Quartieren und ‚Green Living'. In: BNF NF 57, 343-361.
Kunze, Konrad (2001): Zur Verbreitung der häufigsten deutschen Familiennamen. In: Eichhoff et al. (Hgg.) (2001), 179-208.
Kunze, Konrad (2003): dtv-Atlas Namenkunde. Vor- und Familiennamen im deutschen Sprachgebiet. 4.A. München: Deutscher Taschenbuch Verlag.
Kunze, Konrad (2011): Gasthausnamen-Geographie. Beispiele im schwachen Dativ (Zum Schwanen). In: BNF NF 46, 125-163.
Kunze, Konrad (2018): Vornamengeographie. Konturen eines neuen Forschungsfeldes. In: BNF NF 53, 375-445.
Kunze, Konrad (2020): Geographie der Vornamen in Deutschland 1920-1980. In: BNF NF 55, 279-324.
Kunze, Konrad/Nübling, Damaris (Hgg.) (2009-2018): Deutscher Familiennamenatlas. 1-7. Berlin/Boston: de Gruyter.
Lebe, Reinhard (1990): War Karl der Kahle wirklich kahl? Historische Beinamen – und was dahinter steckt. München: Deutscher Taschenbuch Verlag.
Linnartz, Karl (1958): Unsere Familiennamen. 1. Zehntausend Berufsnamen im Abc erklärt. 2. Aus deutschen und fremden Vornamen im Abc erklärt. 3.A. Bonn: Dümmler.
Luft, Yvonne (2022): Die Bedeutung von Namen in Kinderbüchern. Eine Studie zur literarischen Onomastik im Spannungsfeld zwischen Autor und Leser. Unveränderte Neuauflage 2022 des im Jahr 2007 beim Universitätsverlag Rhein-Ruhr (UVRR) erschienen Werkes. Essen: Universität Duisburg-Essen. Universitätsbibliothek. Online frei zugänglich auf DuEPubl.
Meibauer, Jörg (2022): Sprache und Hassrede. Heidelberg: Winter.
Meisinger, Othmar (1925): Hinz und Kunz. Deutsche Vornamen in erweiterter Bedeutung. Dortmund: Ruhfus.
MGH = Monumenta germaniae historica. Digital: www.dmgh.de.
Müller, Ewald (1929): Vornamen als appellative Personenbezeichnungen. Onomatologische Studien zur Wortkonkurrenz im Deutschen. Helsingfors: Centraltruck.
Müller, Fritz C. (1964): Wer steckt dahinter? Namen, die Begriffe wurden. Düsseldorf/Wien: Econ.
Müller, Gerhard (2001): Die beliebtesten Vornamen in Deutschland seit 1960. In: Eichhoff et al. (Hgg.) (2001), 52-69.
Namenschlüssel (1965-1968): Namenschlüssel zu Pseudonymen, Doppelnamen und Namensabwandlungen. 1-2. Hildesheim: Olms.

Naumann, Horst (1994): Das große Buch der Familiennamen. Alter, Herkunft, Bedeutung. Niedernhausen: Falken.
Naumann, Horst (2015): Familiennamenforschung. Grundlagen. Probleme. Anwendungen. Hamburg: baar.
Neef, Martin (2006): Die Genitivflexion von artikellos verwenbaren Eigennamen als syntaktisch konditionierte Allomorphie. In: Zeitschrift für Sprachwissenschaft 5, 273-299.
Nell, Werner (2012): Atlas der fiktiven Orte. Utopia, Camelot und Mittelerde. Mannheim: Meyers.
Nerius, Dieter (1985): Zum Begriff des Eigennamens in der Orthographie. In: Eichler, Ernst/Saß, Elke/Walther, Hans (Hgg.) (1985): Der Eigenname in Sprache und Gesellschaft. XV. Internationaler Kongreß für Namenforschung. 13.-17. August 1984. I. Verhandlungen im Plenum. Leipzig: Karl-Marx-Universität, 253-261.
Nerius, Dieter (2007): Deutsche Orthographie. 4. A. Hildesheim u.a.: Olms.
NI = Namenkundliche Informationen. Herausgegeben im Auftrag der Philologischen Fakultät der Universität Leipzig und der Gesellschaft für Namenforschung e.V. https://www.namenkundliche-informationen.de/ni
Niemeyer, Manfred (Hg.) (2012): Deutsches Ortsnamenbuch. Berlin/Boston: de Gruyter.
Nübling, Damaris (2000): Auf der Suche nach dem idealen Eigennamen. In: BNF NF 35, 275-302.
Nübling, Damaris (2009): Von *Monika* zu *Mia*, von *Norbert* zu *Noah*: Zur Androgynisierung der Rufnamen seit 1945 aus prosodisch-phonologischer Perspektive. In: BNF NF 44, 67-110.
Nübling, Damaris (2014a): Emotionalität in Namen. Spitznamen, Kosenamen, Spottnamen – und ihr gendernivellierender Effekt. In: Vaňková, Lenka et al. (Hgg.): Emotionalität im Text. Tübingen; Stauffenburg, 103-122.
Nübling, Damaris (2014b): *Das Merkel* – Das Neutrum bei weiblichen Familiennamen als derogatives Genus? In: Debus et al. (Hgg.) (2014), 205-232.
Nübling, Damaris (2017): Funktionen neutraler Genuszuweisung bei Personennamen und Personenbezeichnungen im germanischen Vergleich. In: Helmbrecht et al. (Hgg.) (2017), 173-211.
Nübling, Damaris (2018a): *Luca* und *Noah*. Das phonologische Degendering von Jungennamen seit der Jahrtausendwende. In: Nübling/Hirschauer (Hgg.) (2018), 239-269.
Nübling, Damaris (2018b): Vom *Oden-* in den *Schwarzwald*, von *Eng-* nach *Irland*? Zur Abgrenzung von Gattungseigennamen und reinen Eigennamen. In: Bergmann/Stricker (Hgg.) (2018), 11-32.
Nübling, Damaris (2020): ‚Mandy & Marko – Maria & Markus'. Die deutsch-deutsche Grenze in der Vornamenlandschaft. In: BNF NF 55, 325-354.
Nübling, Damaris/Busley, Simone/Drenda, Juliane (2013): *Dat Anna* und *s Eva* – Neutrale Frauenrufnamen in deutschen Dialekten und im Luxemburgischen zwischen pragmatischer und semantischer Genuszuweisung. In: Zeitschrift für Dialektologie und Linguistik 80, 152-196.
Nübling, Damaris/Hirschauer, Stefan (Hgg.) (2018): Namen und Geschlechter. Studien zum onymischen Un/doing Gender. Berlin/Boston: de Gruyter.
Nübling, Damaris/Kunze, Konrad (2023): Kleiner deutscher Familiennamenatlas. Entstehung, Gebrauch, Verbreitung und Bedeutung der Familiennamen. Berlin/Boston: de Gruyter.

Ottersbach, Ambra /Solling, Daniel (2022): ‚Staubi' & ‚Robban'. Individualnamen für Maschinen und technische Geräte im deutsch-schwedischen Vergleich. In: BNF NF 57, 311-341.
Pohl, Inge (2019): Vornamen als Indikatoren gesellschaftlicher Entwicklungen. Nachgewiesen an einer Ahnenlinie vom 17. Jahrhundert bis 2018. Berlin: Peter Lang.
Pohl, Inge (2022): Namen von Kindertageseinrichtungen im Landkreis Ludwigsburg (Baden-Württemberg): Formale, semantische und funktionale Aspekte. In: BNF NF 57, 459-489.
Presch, Gunter (2002): Namen in Konfliktfeldern. Wie Widersprüche in Eigennamen einwandern. Tübingen: Narr.
Prinz, Michael (2021): Germanistische Toponomastik gestern und heute. Eine forschungsgeschichtliche Annäherung. In: Dräger et al. (Hgg.) (2021), 3-25.
Probst, Hansjörg (2010): Das Mannheimer Flurnamenlexikon. Ubstadt-Weiher: Verl. Regionalkultur.
Reiffenstein, Ingo (2003): Bezeichnungen der deutschen Gesamtsprache. In: Besch et al. (1998-2004), 2191-2205.
v. Reitzenstein, Wolf-Armin Frhr. (Hg.) (2011): Flurnamen, Straßennamen. Jahrespreise 2006, 2007, 2008 der „Henning-Kaufmann-Stiftung zur Förderung der deutschen Namenforschung auf sprachgeschichtlicher Grundlage". Hildesheim u.a.: Georg Olms.
Rodriguez, Gabriele (2011): Neue Familiennamen in Deutschland seit der zweiten Hälfte des 20. Jahrhunderts. In: Hengst/Krüger (Hgg.) (2009-2011) 2, 521-567.
Rodriguez, Gabriele (2017): Namen machen Leute. Wie Vornamen unser Leben beeinflussen. München: Komplett-Media.
Ronneberger-Sibold, Elke/Wahl, Sabine (2017): Die Zeitschrift ‚Brigitte' und der Kaiser ‚Wilhelm' Sekt. Was qualifiziert einen Rufnamen für eine „zweite Karriere" als Markenname? In: BNF NF 52, 349-378.
Ronneberger-Sibold, Elke (2020): Namen von Frauenzeitschriften als Spiegel der Gesellschaft? Eine sprachwissenschaftliche Analyse. In: BNF NF 55, 355-394.
Rosar, Anne (2021): „Die Namensfrage war gleich nach der Brautkleidfrage die zweitwichtigste!". Diachrone Entwicklung und Argumentationstopoi der Ehenamenwahl in Deutschland. In: BNF NF 56, 149-186.
Rübekeil, Ludwig (1996): Völkernamen Europas. In: Eichler et al. (Hgg.) (1996), 1330-1343.
Rymut, Kazimierz/Hoffmann, Johannes (Hgg.) (2006-2010): Lexikon der Familiennamen polnischer Herkunft im Ruhrgebiet, 1-2. Kraków: Pandit.
Schaab, Eva (2012): Von Bello zu Paul: Zum Wandel und zur Struktur von Hunderufnamen. In: BNF NF 47, 131-161.
Scherer, Carmen (2010): Das Deutsche und die dräuenden Apostrophe. Zur Verbreitung von 's im Gegenwartsdeutschen. In: Zeitschrift für germanistische Linguistik 38, 1-24.
Schiff, Adelheid (1917): Die Namen der Frankfurter Juden zu Anfang des 19. Jahrhunderts. Diss. Freiburg.
Schlimpert, Gerhard (1964): Slawische Personennamen in mittelalterlichen Quellen Deutschlands. Berlin: Akademie-Verlag.
Schmid, Wolfgang P. (1995): Alteuropäische Gewässernamen. In: Eichler et al. (Hgg.) (1995), 756-762.

Schmidt-Jüngst, Miriam (2018): Der Rufnamenwechsel als performativer Akt der Transgression. In: Nübling/Hirschauer (Hgg.) (2018), 45-72.
Schmidt-Jüngst, Miriam (2020): Namenwechsel. Die soziale Funktion von Vornamen im Transitionsprozess transgeschlechtlicher Personen. Berlin/Boston: de Gruyter.
Schmuck, Mirjam (2011): Vom Genitiv zum Pluralmarker: Der s-Plural im Spiegel der Familiennamengeographie. In: Heuser et al. (Hgg.) (2011), 285-304.
Schmuck, Mirjam (2017): Movierung weiblicher Familiennamen im Frühneuhochdeutschen und ihre heutigen Reflexe. In: Helmbrecht et al. (Hgg.) (2017), 33-58.
Schmuck, Mirjam (2018): Deutsche und niederländische Unisexnamen. Entstehung und variable Geschlechtsneutralität. In: Nübling/Hirschauer (Hgg.) (2018), 271-302.
Schneidmüller, Bernd (2000): Völker – Stämme – Herzogtümer. Von der Vielfalt der Ethnogenesen im ostfränkisch-deutschen Reich. In: Mitteilungen des Instituts für Österreichische Geschichtsforschung 108, 31-47.
Schramm, Gottfried (1957): Namenschatz und Dichtersprache. Studien zu den zweigliedrigen Personennamen der Germanen. Göttingen: Vandenhoeck & Ruprecht.
Schröer, Jochen H. (2014): Die Gasthausnamen im Schwarzwald in ihrer geschichtlichen Entwicklung von den Anfängen bis heute. In: BNF NF 49, 47-87.
Schulz, Matthias/Ebert, Verena (2016): Wissmannstraße, Massaiweg, Berliner Straße. Kolonial intendierte Urbanonyme. Befunde, Perspektiven, Forschungsprogramm. In: BNF NF 51, 357-386.
Schützeichel, Rudolf (1963): Köln und das Niederland. Zur sprachgeographisch-sprachhistorischen Stellung Kölns im Mittelalter. Rede uitgesproken bij de officiële aanvaarding van het ambt van gewoon hoogleraar in de middeleeuwse Duitse letterkunde en de Duitse taalkunde aan de rijksuniversiteit te Groningen op dinsdag 21 mei 1963. Groningen: J.B. Wolters.
Schützeichel, Rudolf (2002): Einführung in die Familiennamenkunde. In: Gottschald (2002), 13-76.
Schwab, Dieter (2015): Personenname und Recht. In: NI 105/106, 110-134.
Schwerdt, Judith (2007): Hipponymie. Zu Benennungsmotiven bei Pferdenamen in Geschichte und Gegenwart. In BNF NF 42, 1-43.
Seebold, Elmar (1995): Wortgeschichte/Etymologie der Namen. In: Eichler et al. (Hgg.) (1995), 602-610.
Seibicke, Wilfried (1991): Vornamen. 2.A. Frankfurt a. M.: Verl. für Standesamtwesen.
Seibicke, Wilfried (1996a): Typologie und Benennungssysteme. In: Eichler et al. (Hgg.) (1996), 1176-1178.
Seibicke, Wilfried (1996b): Traditionen der Vornamengebung. Motivationen, Vorbilder, Moden: Germanisch, In: Eichler et al. (Hgg.) (1996), 1207-1214.
Seibicke, Wilfried (1996-2007): Historisches Deutsches Vornamenbuch. 1-5. Berlin/New York: de Gruyter.
Seibicke, Wilfried (2004): Überblick über Geschichte und Typen der deutschen Personennamen. In: Besch et al. (Hgg.) (2004) 4, 3535-3552.
Seibicke, Wilfried (2008): Die Personennamen im Deutschen. 2.A. Berlin: de Gruyter.

Seutter, Konstanze (1996): Eigennamen und Recht. Tübingen: Niemeyer.
Sonderegger, Stefan (2004a): Namengeschichte als Bestandteil der deutschen Sprachgeschichte. In: Besch et al. (Hgg.) (2004) 4, 3405-3436.
Sonderegger, Stefan (2004b): Terminologie, Gegenstand und interdisziplinärer Bezug der Namengeschichte. In: Besch et al. (Hgg.) (2004) 4, 3436-3460.
Sonderegger, Stefan (2006): Laudatio auf die Forschergruppe ‚Nomen et Gens'. In: Geuenich/Runde (Hgg.) (2006), 11-22.
Steger, Hugo (1996): Institutionelle innerörtliche Orientierungssysteme – Fallstudien. In: Eichler et al. (Hgg.) (1996), 1499-1521.
Tyroller, Hans (1996a): Morphologie und Wortbildung der Flurnamen: Germanisch. In: Eichler et al. (Hgg.) (1996), 1430-1433.
Tyroller, Hans (1996b): Typologie der Flurnamen (Mikrotoponomastik): Germanisch. In: Eichler et al. (Hgg.) (1996), 1434-1441.
Udolph, Jürgen (Hg.) (2012): Europa Vasconica - Europa Semitica?: Kritische Beiträge zur Frage nach dem baskischen und semitischen Substrat in Europa. Hamburg: baar.
Udolph, Jürgen/Fitzek, Sebastian (2005): Professor Udolphs Buch der Namen. Woher sie kommen. Was sie bedeuten. 4. A. München: Bertelsmann.
Utech, Ute (2011): Rufname und soziale Herkunft. Studien zur schichtenspezifischen Vornamenvergabe in Deutschland. Hildesheim u.a.: Olms.
Van Langendonck, Willy (2007): Theory and Typology of Proper Names. Berlin/New York: de Gruyter.
Vennemann gen. Nierfeld, Theo (1999): Volksetymologie und Ortsnamenforschung. Begriffsbestimmung und Anwendung auf ausgewählte, überwiegend bayerische Toponyme. In: BNF NF 34, 269-322.
Vennemann, Theo (2003): Europa Vasconica - Europa Semitica. Berlin New York: de Gruyter
Wagner-Kern, Michael (2002): Staat und Namensänderung. Die öffentlich-rechtliche Namensänderung in Deutschland im 19. und 20. Jahrhundert. Tübingen: Mohr-Siebeck.
Walther, Hans (2009): Herkunftsfamiliennamen aus Ratslisten, Ratsbüchern und weiteren Prominentenverzeichnissen der Stadt Leipzig als Zeugnisse der städtischen Zuwanderung. In: Hengst/Krüger (Hgg.) (2009-2011) I, 397-420.
Werner, Marion (2008): Vom Adolf-Hitler-Platz zum Ebertplatz. Eine Kulturgeschichte der Kölner Straßennamen seit 1933. Köln u.a.: Böhlau.
Wiesinger, Peter (1995): Die Bedeutung der Eigennamen: Volksetymologien. In: Eichler et al. (Hgg.) (1995), 463-471.
Willems, Klaas (1996): Eigenname und Bedeutung. Ein Beitrag zur Theorie des *nomen proprium*. Heidelberg: Winter.
Wochele, Holger (2021): *Agram, Beograd* und *København*. Empirische Befunde aus einer Befragung zu Kenntnis und Verwendung von Exonymen. In: Dräger et al. (Hgg.) (2021), 209-222.
Wolffsohn, Michael (2001): Nomen est omen. Vornamenwahl als Indikator. Methoden und Möglichkeiten einer historischen Demoskopie. In: Eichhoff et al. (Hgg.) (2001), 9-31.
Wolffsohn, Michael/Brechenmacher, Thomas (1999): Die Deutschen und ihre Vornamen. 200 Jahre Politik und öffentliche Meinung. München/Zürich: Diana.
Zamorra, Juan (1992): Hugenottische Familiennamen im Deutschen. Heidelberg: Winter.

Glossar

Anthroponym Eigenname für menschliche Lebewesen

Appellativ Wort mit lexikalischer Bedeutung im Gegensatz zum Eigennamen

Beiname zusätzlich zu einem Rufnamen gegebenes Anthroponym

Berufsname Familienname aus einem Beinamen mit Bezug auf den Beruf des Namenträgers

Deonymisierung Entwicklung von Eigennamen zu Appellativen

Direktreferenz Funktion des Eigennamens, ohne lexikalische Bedeutung unmittelbar auf den Namenträger zu verweisen

Eigenname sprachliches Zeichen der Wortart Substantiv, das ohne lexikalische Bedeutung mit Direkt- und Monoreferenz Objekte identifiziert und individualisiert

Einnamigkeit anthroponymisches Namensystem, bei dem Personen nur Rufnamen tragen

Endonym innerhalb einer Sprachgemeinschaft gegebener Eigenname für Personengruppen oder geographische Objekte

Ereignisname Sachname für ein einzelnes natürliches oder historisches Geschehen

Ergonym Sachname für ein einzelnes Ergebnis menschlicher Tätigkeit

Ethnonym Anthroponym für eine Ethnie, Völkerschaft, Nationalität, ein Volk

Ethnophaulismus pejoratives exonymes Ethnonym

Exonym außerhalb einer Sprachgemeinschaft gegebener Eigenname für Personengruppen oder geographische Objekte

Familienname Anthroponym, das zusätzlich zum Rufnamen die Träger als Angehörige einer Familie kennzeichnet

Flurname Toponym für Örtlichkeiten außerhalb von Siedlungen

Gattungseigenname zusammengesetzter Eigenname, dessen appellativisches Grundwort sein Genus und seine Bedeutung behält

Gesamtname Anthroponym, das aus Rufname(n) und Familienname besteht

Geusenname Umdeutung eines Ethnophaulismus zum endonymen Ehrennamen

Gewässername Hydronym

Herkunftsname Familienname aus einem Beinamen nach der Herkunft von außerhalb

Hydronym Toponym für alle Arten von Gewässern

Hypokoristikum Kosename

Identifizierung Funktion des Eigennamens, den Namenträger zu identifizieren

Individualisierung Funktion des Eigennamens, den Namenträger zu individualisieren

Kolonialtoponomastik Erforschung von Toponymen, die im Zusammenhang mit dem Kolonialismus des 19./20. Jahrhunderts stehen

Kosename Spitzname mit positiver emotionaler Funktion

Kulturname durch menschliche Tätigkeit motiviertes Toponym

Ländername Toponym, das Länder im weiteren Sinne bezeichnet

Landschaftsname Toponym, das Landschaften im weiteren Sinne bezeichnet

Makrotoponym Toponym für größere geographische Gegebenheiten

Mehrsprachige Namen Toponym in mehrsprachigen Gebieten und Toponym in mehreren Sprachen

Metronym Familienname aus einem Beinamen nach der Mutter

Mikrotoponym Toponym für kleinere geographische Gegebenheiten
Monoreferenz Funktion des Eigennamens, jeweils nur auf ein einzelnes Objekt zu verweisen
Movierung Ableitung eines weiblichen Anthroponyms von einem männlichen Anthroponym
Nachbenennung Vergabe von Rufnamen nach Vorfahren
Namenbedeutsamkeit mit Eigennamen verbundene assoziative Gefühle und Vorstellungen
Namengebung bewusste Vergabe von Eigennamen an Personen, Tiere, geographische Objekte und Sachen
Namenprestige mit einem Eigennamen verbundene Zuschreibung eines höheren sozialen Ranges
Namenstigmatisierung mit einem Eigennamen verbundene diskriminierende Zuschreibung von negativ bewerteten Merkmalen
Naturname durch natürliche Gegebenheiten motiviertes Toponym
nomen appellativum wörtlich: 'benennender Name', lat. *nomen* im Sinne von Substantiv
nomen proprium wörtlich: 'eigener Name', Eigenname
Onomastik Namenforschung
Onymisierung Entwicklung von Appellativen zu Eigennamen
Onymizität Eigennamenhaftigkeit, charakteristische Eigenschaften von Eigennamen, die sie von Appellativen unterscheiden
opak morphologisch undurchsichtig, semantisch nicht transparent
Ortsname Toponym (wird auch im engeren Sinn von Siedlungsname gebraucht)
Patronym Familienname aus einem Beinamen nach dem Vater
Personenname Anthroponym
Phänonym Sachname für ein einzelnes natürliches Phänomen
Praxonym Sachname für eine einzelne menschliche Handlung
Proprialität Onymizität
Raumname Toponym für Gebiete mit größerer Ausdehnung
Rufname Anthroponym, mit dem ein Individuum benannt ist
Sachname Eigenname für Unbelebtes, wobei die Toponyme meist ausgegliedert werden
Sekundäre Motivation Umdeutung und Neumotivation opak gewordener sprachlicher Zeichen
Siedlungsname Toponym für eine menschliche Ansiedlung
Spitzname inoffizielles Anthroponym mit starker emotionaler Funktion
Spottname Spitzname mit negativer emotionaler Funktion
Staatenname amtlicher Eigenname für einen Staat
Straßenname Toponym für einzelne Örtlichkeiten, Straßen und Plätze innerhalb von Siedlungen
Tiername Zoonym
Toponym Eigenname für ein geographisches Objekt
Übername auf persönliche Merkmale oder Eigenschaften des Trägers bezogener Beiname
Völkername Ethnonym
Volksetymologie sekundäre Motivation
Wohnstättenname Familienname aus einem Beinamen nach der Lage der Wohnstätte des Namenträgers
Wüstungsname Name einer wüst gefallenen, also aufgegebenen oder zerstörten Siedlung
Zoonym Eigenname für ein Tier

Sachregister

Alliteration 19, 21
Anrede 18, 32
Apostroph 17f.
Beinamen 7, 9, 21, 27, 33f., 37f.
Benennungsmotive 25f., 39, 67f., 71-75, 78, 83
Berufsnamen 34f., 40
biblische Namen 21f.
Bildungsweise 9f. 20, 27, 35, 37, 55, 67, 69, 71, 77f., 83
Degendering 26
Deonymisierung 9, 28, 46
Einnamigkeit 16
Endonyme 49, 62f.
englische Namen 23
Etymologie 4, 6, 25, 35, 40, 42, 49-51, 59f., 62, 68, 77
Exonyme 10, 48-50, 52f., 63f.
fiktive Namen 12, 64
französische Namen 23, 26, 43f.
Gattungseigennamen 5, 9, 55, 71, 77
Genitiv 9, 17f., 32, 36, 42
Genus 5f., 9, 17, 19, 55, 77
germanische Namen 19-22, 56, 58
Gesamtname 16
Geusenname 50
Grammatik 5, 8f., 17f., 32, 55
Heiligennamen 21f., 42
Herkunftsnamen 10, 34, 36-39, 46
historische Belege 37, 40, 52, 55-57, 59f. 62, 68, 72, 79-81
Humanistennamen 42
indoeuropäische Namen 77, 79-81
keltische Namen 6f., 19, 56, 76f., 79f.
Kolonialtoponomastik 75
Komposition 9f., 19f., 28, 49, 51,55, 58, 67, 69, 71, 77f.
Kulturnamen 67, 78

lateinische Namen 6, 23f., 26, 42, 56
Lehnnamen 23f., 42-44
Movierung 23f., 32
Nachbenennung 21, 25
Name und Sexus 17, 20, 26, 28
Namenänderung 17, 31, 46
Namengebung 12, 16, 25-28, 34, 71-74
Namengeographie 11, 27, 40f.
Namenpolitik 10f., 18, 46, 63f., 73-75, 84
Namenpragmatik 10f., 17f., 32, 50f.
Naturnamen 67, 78
Onymisierung 9
Orthographie 8f., 18, 36, 41, 55
Ortsnecknamen 50
pejorative Namen 18, 32, 50
Phonetik 8, 25, 43
Plural 9, 32
polnische Namen 24, 43f., 49f.
Proprialität 3, 7-10, 36, 55
romanische Namen 23f., 68
sekundäre Motivation 7, 60
skandinavische Namen 23
slawische Namen 19, 23, 42f., 59f., 68, 76, 80f.
Sonorität 26
Sozioonomastik 11, 25f.
Sprachennamen 49f.
Stigmatisierung 11, 18, 45f.
Suffixbildung 9f., 20, 24, 26-28, 33, 37, 39, 43, 51f., 55, 58f., 67
türkische Namen 44f.
Übernamen 27, 39f., 45
Umbenennung 63f., 74, 84
Umformungen 22, 43f., 56, 58-60, 77
unterscheidende Zusätze 55, 69
Wohnstättennamen 38
Wüstungsnamen 59, 68

Nachwort

Für hilfreiche Hinweise, Rat und Unterstützung möchte ich Annette Klosa-Kückelhaus, Daniel Kroiß, Jörg Meibauer, Martin Neef, Bernd Schneidmüller und Stefanie Stricker herzlich danken. Beim Layout und den Korrekturen half wie immer Bruni Bergmann. Ich widme das Bändchen allen Freunden und Verwandten, die sich darin wiederfinden. R.B.